子路曰ク、「衛ノ君待チテレ子ヲ而為サバレ政ヲ、子将ニルト二奚ヲカ先ニセント一」。子曰ク、「必ズ也正サンレ名ヲ乎ト」。

◆書き下し文

子路《しろ》曰《いは》く、「衛《ゑい》の君《きみ》子《し》を待《ま》ちて政《まつりごと》を為《な》さば、子《し》将《まさ》に奚《なに》をか先《さき》にせんとする」と。子《し》曰《いは》く、「必《かなら》ずや名《な》を正《ただ》さんか」と。

◆現代日本語訳

子路が尋ねた。「衛国の君主が先生をお招きして政治を行うとすれば、先生は最初に何をなさいますか」。先生は答えた。「何はともあれ、まずは名分を本来の正しい状態にすることだな」。

◆最も解釈しやすい訓読文

原文＋句読点＋引用符＋返り点＋送り仮名＋情緒符号＋固有名詞符号

＊訓読文2に中国式の情緒符号と固有名詞符号を追加。

子路曰ク、「衛ノ君待チテレ子ヲ而為サバレ政ヲ、子将ニルト二奚ヲカ先ニセント一？」。子曰ク、「必ズ也正サンレ名ヲ乎ト！」。

子路曰、「衛君待子而為政、子将奚先？」。子曰、「必也正名乎！」。

◆現代中国語訳

子路説：「衛国国君等老師去替他幹政治，老師打算先做什麼？」。孔子説：「那我一定要先糾正一切不当的名義！」。（毛子水［訳］『論語今註今訳』）

kanbun kundoku

漢文訓読入門

古田島洋介
湯城　吉信

明治書院

はじめに

本書は、高校生や大学生が漢文訓読《くんどく》の基礎知識を身につけられるよう著しました。

古来、日本人は訓読という方法で漢文を読んできました。訓読は漢文を読む技術として有効なだけでなく、日本語にも大きな影響を与え、漢文訓読それ自体が一つの日本文化だと言っても過言ではないでしょう。

その漢文訓読が、現在、中学校・高校で丁寧に教えられているとは言えません。大学においても、十分に漢文を訓読する練習をしていない学生が国語科の教員免許状を取得しているのが実情ではないかと危惧《きぐ》します。

こうした現状認識を踏まえて、本書には、漢文訓読に必要な基礎知識が体系的に解説してあります。練習問題も、基礎力が段階的に向上してゆくよう工夫してみました。高校生であれ、大学生であれ、漢文訓読を身につけたいと考えている人ならば、どなたにも使っていただけると思います。

また、訓読という方法を体系的に記述していますので、中国古典文学など漢文を専門とする人から、時として漢文を読む必要に迫られる人まで、訓読について基礎事項を確認したい場合に少なからず役立つことでしょう。

漢文訓読の灯《ひ》が消えることは、日本文化にとって大きな損失です。そのような危機意識のもとに本書を著しました。本書がそれを防ぐ一助となれば幸いです。

古田島洋介
湯城　吉信

凡　例

(1) 本書の対象は、狭義の漢文の訓読に限定し、漢詩の訓読は扱わない。ただし、例文などに些少の詩句を用いることもある。

(2) 漢文訓読という一種の技術の習得に内容を限定し、歴史・思想・宗教など、漢文の文化背景については踏み込まない。

(3) 文法用語は、できるかぎり生徒・学生に馴染みやすいよう英文法および文語文法の用語に限定し、漢文法に独特の用語はなるべく使わないようにした。

(4) 句形については、否定形・使役形をはじめとする代表的な最小限の句形を用いるにとどめ、複雑な句形や詳細な注意を要する句形に関しては他書に譲ることとした。

(5) 助字についての解説も必要最小限とし、同訓異義語の説明なども他書に譲る。

(6) 「訓読《くんどく》」と「訓読《くんよ》み」については、送り仮名「み」の有無を以て表記を区別する。

目次

第三部　発展練習

〔訓読演習〕

〔復文練習〕

漢文訓読入門

● 第一部　訓読の基礎 ●

第1講　漢文とは何か？　対象としての漢文

漢文訓読とは、対象たる漢文を、訓読という方法を用いて閲読する作業である。この対象と方法とを明確に区別して意識しておかないと無用の混乱が生じるので、常に注意する必要がある。

〔対象〕漢文　←　〔方法〕訓読

以下、第1講で対象としての漢文を、第2講で方法としての訓読を説明する。

【定義】　漢文とは、古典中国語の文語文すなわち書き言葉を用いた文章を指す。

＊本書にいう「漢文」の「漢」は、王朝名（前漢・後漢）としての「漢」ではなく、「漢字」「漢土」などの「漢」に同じく、古典時代の中国を指す汎称である。

＊中国語では、古典中国語の文語文すなわち書き言葉を用いた文章を「文言文《ウェンイエンウェン》」、古典中国語の口語文すなわち話し言葉を用いた文章を「白話文《バイホワウェン》」と称する。本書にいう「漢文」は、前者「文言文」と一致する。

◆位置付け

	文語体	口語体
古典中国語	漢文＝文言文	白話文
現代中国語	少	多

＊本表からわかるように、形式上、漢文すなわち文言文は、中国語の文章のほぼ四分の一を占めるだけである。ただし、次項で述べるとおり、実質上、古典中国語の文章の大部分が漢文すなわち文言文であった。

＊現代中国語の文章は、白話文の要素を多く引き継いでおり、漢文すなわち文言文の要素をなるべく少なくしようとするのが基本姿勢である。

◆漢文の勢力

漢文は、本家の中国のみならず、周辺の国家や地域でも大量に制作された。

(1) **中国**

白話文の資料が出現するのは唐代末期すなわち九世紀半ばごろにすぎない。しかも、ただちに文言文に取って代わったわけではなく、宋代以降、白話文が次第に数を増しながらも、量の面では文言文が白話文を圧倒していた。文言文が後退し、白話文が前面に躍り出たのは、早くとも一九一七年の新文学運動以降のことである。

(2) **中国の周辺**

中国の周辺に位置する国家や地域の文章は、すべて次の二種を基本としていた。

「中国の文言文で記した文章　＝漢文
「自国の固有文字を用いた文章＝和文（日本）・ハングル文（朝鮮）・字喃《チュノム》文（越南《ヴェトナム》）

したがって、固有文字の発生時期とその勢力の推移を調べ、それを全体から差し引けば、自ずから漢文の勢力がわかる。

▼ア　日本　固有文字＝仮名「ア・イ」（片仮名）「あ・い」（平仮名）

＊九世紀後半に発達。

＊片仮名は漢字の一部分を用いた省体。　阿→ア　伊→イ

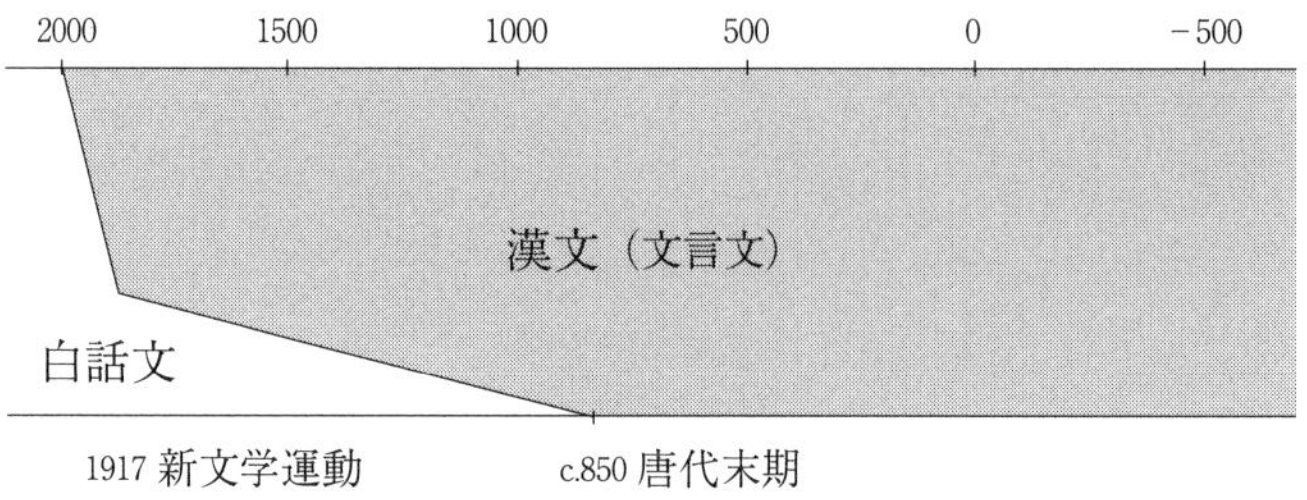

<漢文の勢力>概念図①　中国

平仮名は漢字の全体を略した草体。　安→あ　以→い

＊一字が正方形に収まる点でも漢字に似る。

仮名は、十世紀初頭、九〇五年の勅撰和歌集『古今和歌集』によって早くも公認され、常に漢文よりも下位に置かれてはいたものの、知識人たちも盛んに仮名を用いて文章を著した。明治維新以降、漢文は次第に衰退し、特に一九四五年、第二次世界大戦の終結後は顕著に衰えた。

現在の日本語は、漢字と仮名を交えた和漢混淆体を基本とする。

▼イ　朝鮮半島　固有文字＝ハングル「세《セ》・종《ジョン》」

＊世宗《セジョン》大王が一四四三年に制定、一四四六年に「訓民正音」の名で公布。

＊音素符号を組み合わせて音節文字とする（ハングル一字が漢字一字に相当）。

＊音素符号を音節文字へと組み上げる構成法、および一字が正方形に収まる点は、漢字に似る。

ㄱ（語頭）＝k　ㅣ＝i　ㅁ＝m　ㅊ＝ch　ㅣ＝i

↓「김치《キムチ》」kim-chi（キムチ）

ㅎ＝h　ㅏ＝a　ㄴ＝n　ㄱ（語中）＝g　ㅡ＝eu　ㄹ＝l

↓「한글《ハングル》」han-geul（ハングル）

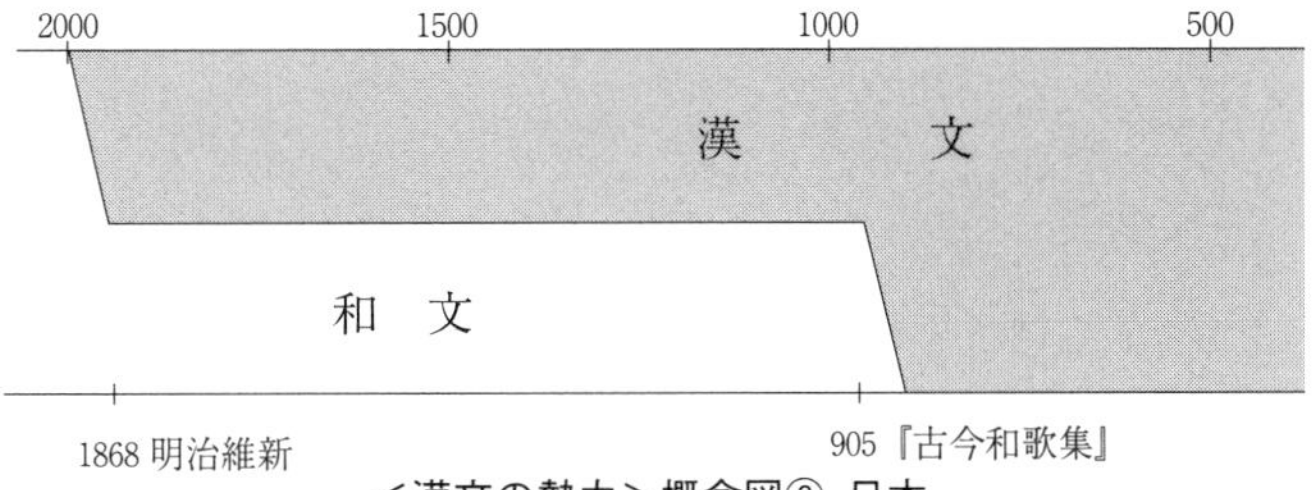

<漢文の勢力>概念図②　日本

ハングルは、十五世紀半ばに公布されたが、知識人は軽蔑して「諺《オン》文《ムン》」（片田舎の文字）と呼び、十九世紀末に至るまで積極的には使おうとしなかった。日本の統治時代（一九一〇～一九四五年）を経て、ハングルが前面に躍り出たのは、一九四五年、第二次世界大戦の終結以降である。

現在の韓国語（南）・朝鮮語（北）は、ハングルによる表記を基本とする。

▼ウ　越南《ヴェトナム》　固有文字＝字喃《チュノム》「⿰月正《ジェン》・𤾓《トラム》」

＊九六八年に中国から独立後、十三世紀に考案されたか？　最古の資料は、一三四三年の碑文。

＊漢字を組み合わせて新たに文字を造る。漢字を組み合わせる造字法、および一字が正方形に収まる点で、漢字に酷似する。

会意文字＝意味＋意味　「天」（意味）＋「上」（意味）

↓「𡗶《ジオイ》」（空《そら》）

形声文字＝意味＋発音　「五」（意味）＋「南」（発音）

↓「𠄼《ナム》」（五）

字喃による文学は、十七～十九世紀に全盛を迎えた。ただし、一般

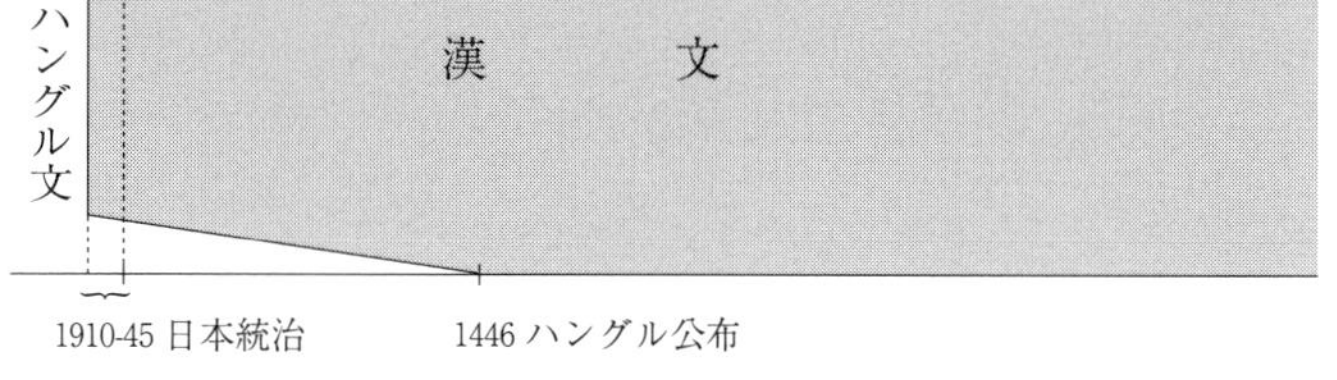

＜漢文の勢力＞概念図③　朝鮮半島

庶民はほとんどが文字が読めず、字喃が国字として広まっていたわけではなく、知識人のあいだでも漢字による表記が主流であった。その後、一八八七年にフランスの植民地となった結果、もと十七世紀にポルトガル人宣教師が考案し、フランス人宣教師が完成させたローマ字による表記が普及、フランスの植民地を脱した一九四五年以降もローマ字綴りの表記法をクォクグー（国語《クォクグー》）と呼んで引き継いだため、字喃は漢字とともに滅んでしまった。

現在の越南語は、特殊な符号を加えたローマ字のみで表記する。

［例］VIỆT《ヴェト》 NAM《ナム》

▽下の概念図①～④を見ればわかるように、漢文は、中国のみならず、日本・朝鮮半島・越南でも、過去において大きな勢力を占めていた。訓読という方法を身につけておけば、こうした国家・地域に遺されている大量の漢文を読解することが可能となる。

▽東アジアにおいて漢文が果たした役割は、ヨーロッパにおいてラテン語が果たした役割に比定できる。いずれも古典時代に学術性の濃厚な共通語として機能した。

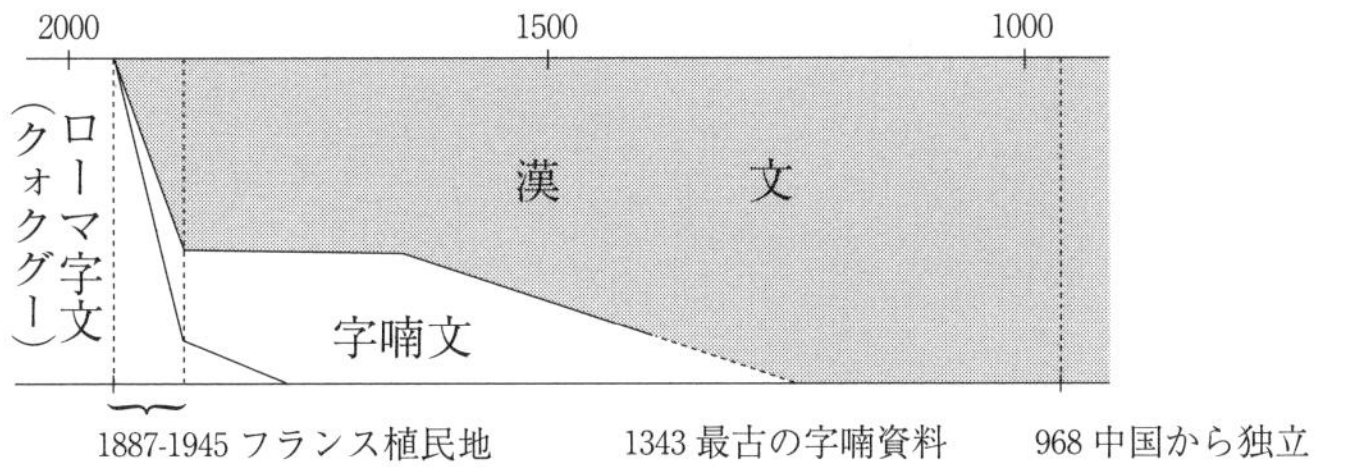

＜漢文の勢力＞概念図④ ヴェトナム

第2講　訓読とは何か？　方法としての訓読

【定義】訓読とは、古典中国語の語順を返り点によって日本語の語順に変換し、それぞれの語句に日本語の音読み・訓読みを当てはめて読解してゆく方法をいう。

【特徴】中国の周辺で訓読を考案し、今日まで継続しているのは、日本だけである。かつて一時期の朝鮮語に訓読と類似する現象が見られたことはあるが、発展せずに途絶えてしまった。

訓読は、日本語が、かつて古典中国語から大量の語彙を借用し、今日なおも古典中国語の意味に基づいて多数の漢字・漢語を日常的に使用しているために存続が可能となっている方法であり、世界の言語史上、種々の点で稀有《けう》な言語現象である。

◆歴史的経緯

奈良時代末期～平安時代中期、律令制下の大学寮《だいがくりょう》（官吏養成機関）では、当初、音博士《こえのはかせ》と呼ばれる中国人の教官が中国語の発音を教えて暗誦させ、次いで日本人の教官が解釈を講ずるという方法が採られていた。これは、今日の一般的な外国語学習と似た教学態勢である。しかし、やがて日本人の教官が音博士をも担当するようになったため、中国語によって発音する道が閉ざされてゆき、日本語の音訓を当てはめて暗誦・解釈する訓読が主流となった。

江戸時代、荻生徂徠《おぎゅうそらい》（一六六六～一七二八）をはじめとする一部の知識人が中国語で発音する意義を主張したが、当時は音声を伴う中国語学習の場がほぼ長崎に限られていたため、大勢には影響しなかった。すなわち、訓読は、日本人が長きにわたって用いてきた伝統的な古典中国語への接近方法である。

古典中国語を現代中国語によって発音することが可能となったのは、中国語教育が普及した近時のことにすぎない。

◆**歴史的変遷の趨勢**

(1)　意味解釈としての訓読みを多用する　⇓　発音としての音読みを多用する

＊日本人が漢語に慣れた結果、音読みでも漢字を想い起こして意味がわかるようになったため。

(2)　熟語に意味の相当する和語を当てる　⇓　一字ずつ逐字的に読む

＊一々相当する和語を考えなくとも、ただちに発音できる点で便利なため。

〔例〕菅原道真『菅家後集』所収「読楽天北窓三友詩」詩の二句（対句）

＊平仮名は訓読み、片仮名は音読み。

①菅原道真自身の霊（天神《てんじん》）が示したと伝えられる訓読

東《とさま》に行《ゆ》き　西《かうさま》に行《ゆ》き　雲《くも》　眇眇《はるばる》

二月《きさらぎ》 三月《やよひ》 日《ひ》 遅遅《うらうら》〈あちらに行ったり、こちらに来たり、雲がゆったり漂い、二月・三月の日差しは、まことにのどかなものだ〉

〔出典〕・大江匡房《おおえのまさふさ》［談］『江談抄《ごうだんしょう》』（一一〇四年ごろ成立）第四

・『今昔物語集』（一一二〇年ごろ成立）巻二十四「天神御製詩読示二人夢一給語」（天神《てんじん》御製《ぎょせい》の詩《し》の読《よ》みを人《ひと》の夢《ゆめ》に示《しめ》し給《たま》へる語《こと》）第二十八

② 現行の標準的な訓読

東行《トウカウ》 西行《セイカウ》 雲《くも》 眇眇《ベウベウ》

二月《ニグワツ》 三月《サングワツ》 日《ひ》 遅遅《チチ》たり

〈参考〉現代中国語による発音

dōng xíng xī xíng yún miǎo miǎo

èr yuè sān yuè rì chí chí

◆現代における古典中国語への二種の接近方法

〔対象〕古典中国語

〔方法〕訓読　現代中国語

・中国語教育の普及によって、今や現代中国語による接近も可能となった。

・二種の接近方法は、日本人にとって、それぞれ長所と短所がある。すなわち、両者は排斥し合う関係ではなく、補い合う関係にあると考えるのが正しい。

第3講　漢字の発音1　音読み

第1・2講で述べたとおり、漢文訓読とは、対象たる古典中国語を日本語で閲読・解釈する方法であり、外国語としての中国語の発音は用いない。ただし、古典中国語という外国語が対象である以上、外国語学習の諸要素をすべて避けて通ることは不可能である。

英語を初めて学習したときは、文字を覚え、単語を習い、その発音を学び、そして単語の排列法すなわち文法を学習した。それと同じ内容が漢文の学習にも必要なはずである。

けれども、古典中国語から漢字・漢語を学び、今なお大量の漢字・漢語を日常的に使用している日本人にとって、文字を覚える作業はかなりの部分を免れており、単語もいわゆる熟語として馴染んでいるものが少なくない。したがって、訓読にさいして認識を新たにしておくべきは、発音と文法である。以下、第3〜6講で漢字の発音について解説し、第7・8講で文法の要点を述べる。

【定義】　漢字の音読みとは、古典中国語の発音が日本風に訛《なま》ったものである。

【実態】　日本に伝来した古典中国語の発音は主なものだけでも呉音・漢音・唐音の三種、しかも、その三種が重層構造を成しており、また、そこに日本人の誤読が定着した慣用音も混ざる。すなわち、日本語の漢字音は、一字一音を原則とする中国語・韓国語の漢字音に比べ、著しく複雑な様相を呈する。

【音種】　(1)〜(3)は、中国から伝来した順序に従う。

(1)　**呉音**　中国南方系の発音が仏教の伝来などとともに伝わり（一部は朝鮮半島から壱岐・対馬を経て伝来か？）、日本風に訛ったもの。

＊「呉」は、かつて戦国時代または三国時代に呉の国が位置した地域（現在の江蘇省南部から浙江省北部の一帯）を指す。

(2)　**漢音**　中国北方系（唐の都の長安）の発音が遣唐使を通じて伝わり、日本風に訛ったもの。

＊「漢」は中国の汎称（「漢字」）。王朝名としての「漢」ではない。

＊学術的には最も確実な漢字音で、韻書などによって発音を再構成することが可能。

(3)　**唐音**　宋・元・明・清代の発音が、鎌倉〜江戸時代にかけて、主として仏教関係の語を通じて伝わり、日本風に訛ったもの。

＊「唐」は中国の汎称（「唐揚げ」）。王朝名としての「唐」ではない。

＊「唐宋音」とも呼ぶ。厳密には「唐音」と「宋音」を区別することもあるが、訓読に関する基本知識としては、両者を区別する必要はない。

(4)　**慣用音**　日本人の誤読がそのまま習慣として定着し、慣用化したもの。

▽右のうち、日本の漢字音において大きな勢力を持つのは(1)呉音と(2)漢音である。

◆音例

(1)呉音　(2)漢音　(3)唐音

	呉音	漢音	唐音	熟語例
行	ギョウ	コウ	アン	修行《シュギョウ》・行進《コウシン》・行灯《アンドン》
明	ミョウ	メイ＊	ミン	明朝《ミョウチョウ》・明確《メイカク》・明朝体《ミンチョウタイ》
経	キョウ	ケイ	キン	経文《キョウモン》・経済《ケイザイ》・看経《カンキン》

＊「メイ」は慣用音、漢音は「ベイ」ともいう。

(4)慣用音

消耗《ショウモウ》・「減る」意の「耗」は漢音「コウ」だが、もと誤って旁《つくり》「毛」を読んだ慣用音「モウ」が、今では定着してしまった。

・ただし、漢音「コウ」も「心神耗弱《シンシンコウジャク》」などの語に残る。

◆原則　訓読では、音読みに漢音を用いる。ただし、仏教語には呉音を用いる。

・兄弟　×呉音「キョウダイ」　○漢音「ケイテイ」

・般若心経　○呉音「ハンニャシンギョウ」　×漢音「ハンジャクシンケイ」

◆注意　右は緩《ゆる》い原則にすぎず、実際には呉音を用いる語も多く、慣用音に妥協することも少なくない。また、口調の関係などから、熟語に呉音と漢音が入り交じることもある。

・門　○呉音「モン」　×漢音「ボン」　〔例〕入ルレ門ニ（門《もん》に入《い》る）

・情　○呉音「ジョウ」　×漢音「セイ」　〔例〕含ムレ情ヲ（情《じやう》を含《ふく》む）

・輸　○慣用音「ユ」　×呉音・漢音「シュ」　〔例〕輸二入ス幕府ニ一（幕府《ばくふ》に輸入《ゆにふ》す）

・一日　×呉音「イチニチ」　×漢音「イツジツ」　↓　○呉音＋漢音「イチジツ」

第4講　漢字の発音2　訓読み

【定義】漢字の訓読みとは、漢字すなわち古典中国語の単語に、日本語で意味を付け、かつ、それをそのまま発音としても用いるもの。

【特徴】(1) 純然たる日本語である。(2) 意味と発音を兼ねる。

〔例〕山　音読み「サン」　現代中国語 shān《シャン》
訓読み「やま」は、右に相当する日本語の意味であると同時に発音でもある。

▽音読みとの比較
音読み＝古典中国語の訛り　←単なる発音
訓読み＝日本語　←意味＋発音

＊ただし、もと音読みであった発音が、今日では訓読みと意識されている漢字もある。
馬…音「バ」　訓「うま」
梅…音「バイ」　訓「うめ」　◇「うま」「うめ」は、もと音読みであった。

◆訓読みの特殊性　発音　意味

(1) 韓国語との比較

＊日本語と同じく大量の漢字を借用したものの、朝鮮半島では訓読みが発達しなかった。今日でも、韓国語では漢字を音読みするのみ。

日本語　テン　意味　あめ　↓発音としても用いる。〔例〕天地《あめつち》

「天」　現代中国語　tiān《ティエン》

韓国語　천《チョン》　cheon　意味　하늘《ハヌル》　ha-neul　↓発音としては用いず。

(2) 英語との比較

＊日本語は、漢字と同じく多数の英語を借用しながらも、英語の単語については訓読みを設けていない。

友　ユウ　意味　とも　↓発音としても用いる。〔例〕友《とも》だち

friend　フレンド　意味　とも　↓発音としては用いず。

◆注意1　訓と義の区別

〔例〕水　訓　①みず　↓意味と発音を兼ねる。　〔例〕墜ツ二於水ニ一（水《みづ》に墜《お》つ）

義　②かわ　↓単なる意味にとどまる。〔例〕渭水《ゐすい》・淮水《わいすい》・漢水《かんすい》

＊漢字の意味のうち、訓読みは一部にすぎないことがある。

↓漢字の意味範囲についての関係式〈訓読み≦漢字の意味〉

＊一般に、漢和辞典では、「訓」を太字、「義」を細字で表示する。ただし、「訓」の太字による表示は、「常用漢字表」に載る「訓」に限られていることも多く、どの意味を訓読みとして認めるかは漢和辞典によって異なることがある。

＊訓読における訓読みは、「常用漢字表」に載る「訓」よりも範囲が広い。

〔例〕作《ス》（なす）　▽「常用漢字表」の「訓」は「つくる」のみ。

少《シ》（わかし）　▽「常用漢字表」の「訓」は「すこし」。

◆注意2　国訓は不可　＊「国訓」とは、日本語のなかでだけ用いられる意味をいう。

〔例〕若鮎　○漢文　若＝ごとし　鮎＝ナマズ　↓若《ごとシ》レ鮎《なまづノ》

×国訓　若＝わかし　鮎＝アユ　↓若《わかキ》鮎《あゆ》

↓「若鮎《わかあゆ》のような少女」は、日本語においてのみ美しいイメージとなる表現。

＜訓読み＞概念図

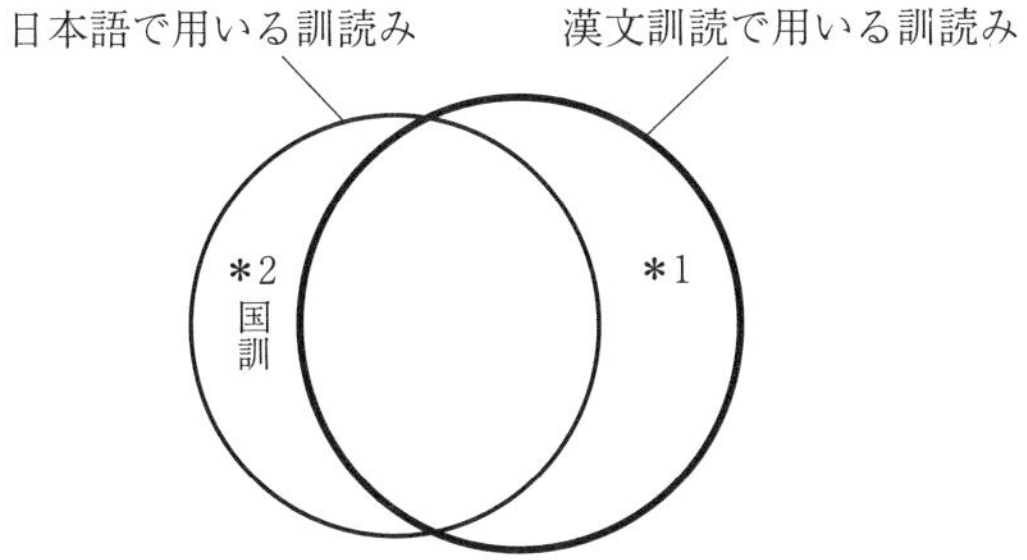

＊1　漢文訓読で用いる訓読みは，日本語で用いる訓読みよりも範囲が広い。
＊2　国訓は，漢文訓読では使わない。

◎第3・4講のまとめ　音読みと訓読みの使い分け

◆原則

(1) 音読みを用いる語　↓原則として漢音を用いる。

①中国に固有のもので、日本にないもの（適切な訓が存在しない）

ア　固有名詞　人名・地名・王朝名など　〔例〕孔子・長安・唐

イ　抽象概念　〔例〕仁・義・徳

ウ　中国と日本で意味合いが異なる語　〔例〕鬼《き》（神霊）　＊「おに」とはイメージが大きく異なる。

②熟語の類

〔例〕君子《くんし》・塵埃《ぢんあい》・浮雲《ふうん》・隣邦《りんぱう》

▽特に〈動詞＋目的語〉〈副詞＋動詞〉の熟語は、一字ずつばらし、訓読みを交えて訓読することも多い。

〔例〕求婚 →求婚《きうこん》ス または 求ムレ婚ヲ（婚《こん》を求《もと》む）

再来 →再来《さいらい》ス または 再ビ来タル（再《ふたた》び来《き》たる）

(2) 訓読みを用いる語

①一字で意味が独立している語

〔例〕見ル（みる） 曰ク（いはく） 不（ず） 汝（なんぢ）

②熟字訓が定着している語句

〔例〕所以《ゆゑん》 →音読み「ショイ」は使わない。

所謂《いはゆる》 →音読み「ショヰ」は使わない。

＊「所以」は「所二以テＶ一スル」（以《もつ》てＶする所《ところ》）、「所謂」は「所ノレ謂フ」（謂《い》ふ所《ところ》の）と訓読することもある。

就中《なかんづく》 →音読み「シウチュウ」は使わない。

◆注意１ 訓読の慣習による例外も少なくない。

・国名＋「人」 〔例〕宋《ソウ》人《ひと》 →「人」には訓読み「ひと」を用いる習慣。

・「相」＋動詞 〔例〕相《あひ》似《に》タリ →「相」には訓読み「あひ」を用いることが多い。

◆注意2　音か訓か迷ったときは、訓読みよりも音読みのほうが無難。

・前掲P17の漢字の意味範囲についての関係式〈訓読み≦漢字の意味〉による。

・音読みは、単なる発音なので、すべての意味に対して開かれている。ただし、意味によって音読みが異なることもある。

〔例〕楽　「音楽」↓ガク
　　　　「たのしむ」↓ラク

◆注意3　一字で意味が独立している語でも、日本語の慣用や口調に従って、音読みすることが少なくない。

〔例〕受クレ賞ヲ　↓賞《シヤウ》を受《う》く
　　　排スレ煙ヲ　↓煙《けぶり》を排《ハイ》す
　　　奏スレ功ヲ　↓功《コウ》を奏《ソウ》す

第5講　漢字の発音3

特殊な発音を持つ文字1　再読文字

訓読において、特殊な発音を持つ文字が二種類ある。一般の文字は、音読みにせよ訓読みにせよ、一つの文字に一つの発音を当てるが、場合によっては、一つの文字に二つの発音を当てたり、または、一つも発音を当てずに読む。前者の再読文字については本第5講で、後者の置き字については、次の第6講で述べる。

〈文字と発音の対応関係〉

一般の文字	一対一
再読文字	一対二
置き字	一対〇

【定義】 再読文字とは「再読《ビム》文字」、すなわち、一つの文字でありながら二度にわたって発音する文字をいう。

【特徴】 再読文字は、中国語や韓国語で読むときには存在しない。いずれにおいても、すべての文字と発音は、一対一の対応関係となる。再読文字の存在は、日本の訓読に特有の言語現象である。

◆読み方と用例

＊右の読みを「初読《しょどく》」、左の読みを「再読《さいどく》」と呼ぶ。

1 **未**「いまだ（～せ）ず」 ＊英語〈not...yet〉

〔例〕知ルモ二其ノ一ヲ一、未ダレ知ラ二其ノ二ヲ一（其《そ》の一《いち》を知《し》るも、未《いま》だ其《そ》の二《に》を知《し》らず）

〈その一は知るが、まだその二は知らない。〉（『史記』高祖本紀）

2 **将**「まさに（～せんと）す」 ＊英語〈be going［about］to, will〉

〔例〕天 将ニ下以テ二夫子ヲ一為サント中木鐸ト上（天《てん》将《まさ》に夫子《ふうし》を以《もつ》て木鐸《ぼくたく》と為《な》さんとす）

〈天は先生を社会の指導者としようとしているのです。〉（『論語』八佾篇）

3 **且**「まさに（～せんと）す」 ＊英語〈be going［about］to, will〉

〔例〕引キテレ酒ヲ 且ニレ飲マントレ之ヲ（酒《さけ》を引《ひ》きて且《まさ》に之《これ》を飲《の》まんとす）

〈酒を取ってそれを飲もうとした。〉（『戦国策』斉二）

4 **当**「まさに（～す）べし」＊英語〈should, ought to〉

〔例〕蒼天已《ニ》死《スレバ》、黄天当《ニ》シレ立《ツ》（蒼天《さうてん》已《すで》に死《し》すれば、黄天《くわうてん》当《まさ》に立《た》つべし）

〈もはや青色の天が滅亡したとなれば、黄色の天がこの世を支配するはずである。〉（『後漢書』皇甫嵩伝）

5 **応**「まさに（～す）べし」＊英語〈should, ought to〉

〔例〕夜吟応《ニ》シレ覚《ユ》二月光《ノ》寒《キヲ》一（夜吟《やぎん》応《まさ》に月光《げつくわう》の寒《さむ》きを覚《おぼ》ゆべし）

〈夜、詩を吟じると月の光が寒々と感じられる。〉（〔唐〕李商隠「無題」詩）

6 **宜**「よろしく（～す）べし」＊英語〈should, ought to〉

〔例〕惟《ダ》仁者《ノミ》宜《シク》シレ在《ル》二高位《ニ》一（惟《た》だ仁者《じんしゃ》のみ宜《よろ》しく高位《かうゐ》に在《あ》るべし）

〈ただ仁の徳を持つ者だけが高い位に即くべきだ。〉（『孟子』離婁上篇）

7 **須**「すべからく（～す）べし」＊英語〈must, have to〉

〔例〕須《ラク》シ三節倹《シテ》而無《カル》二奢侈《ナルコト》一（須《すべか》らく節倹《せつけん》して奢侈《しやし》なること無《な》かるべし）

〈節約するようにして、贅沢はしないようにすべきだ。〉

・初読「すべからく」は、〈サ変動詞「す」の終止形「す」＋助動詞「べし」の未然形「べから」＋準体助詞「く」〉で、「すべきことには」の意。「すべて」の意味ではない。要するに、初読・再読の両者に「べし」を用い、「すべきことには〜すべきである」と強意を表す。準体助詞「く」によるク語法についてはP77を参照。

8　猶「なほ（〜の／〜するが）ごとし」＊英語〈just as, like, as if〉

〔例〕月本《ト》無《ク》レ光、猶《ホ》《シ》二銀丸《ノ》一（月《つき》本《もと》光《ひかり》無《な》く、猶《な》ほ銀丸《ぎんぐわん》のごとし）

〈月はもともと光がなく、銀の球のような物だ。〉（〔宋〕沈括『夢渓筆談』象数一）

〔例〕若《シ》与二殿下一同《ジウセバ》レ命《ヲ》、雖《モ》レ死《スト》、猶《ホ》《シ》レ生《クルガ》（若《も》し殿下《でんか》と命《めい》を同《おな》じうせば、死《し》すと雖《いへど》も猶《な》ほ生《い》くるがごとし）

〈もし殿下と死生を共にできますれば、死んでも生きているようなものです。〉（『魏書』咸陽王禧伝）

9　盍「なんぞ（〜せ）ざる」＊英語〈why not〉

〔例〕盍《ゾ》《ル》二往《キテ》観レ之《ヲ》（盍《なん》ぞ往《ゆ》きて之《これ》を観《み》ざる）

〈どうして行ってそれを見ようとしないのだ。〉

・「盍《かふ》」は「何《か》」と「不《ふ》」の合音字で、「何《なんゾ》不《ざル》レV《セ》」と記すに同じ。

・再読「ざる」は、「なんぞ」の係助詞「ぞ」の係り結びによる打消の助動詞「ず」の連体形。

▽2「将」と3「且」、4「当」と5「応」の読み方は、それぞれ同じである。つまり、右は九字にして七種の読み方となる。

▽右のほかにも、次のような再読文字がある。

・合「まさに（〜す）べし」　↑4「当」・5「応」に同じ。

・由「なほ（〜の／〜するが）ごとし」　↑8「猶」に同じ。

◆注意1

必ず再読文字として用いる特殊な文字群が固定されて存在するわけではない。右のような文字を再読文字として扱う場合もある、というのが実態である。現に、右の文字は次のような読み方をすることもあり、再読文字として扱わないことも珍しくない。

・対《ヘテ》曰《ク》、「未《ダシキ》　也《ト》」（対《こた》へて曰《いは》く、「未《いま》だしきなり」と）

〈答えて言った、「まだです」と。〉（『論語』陽貨篇）

・将《テ》レ茶《ヲ》　代《フ》レ酒《ニ》　（茶《ちや》を将《もつ》て酒《さけ》に代《か》ふ）

〈茶を酒の代わりにする。〉（〔唐〕白居易「宿藍渓対月」詩）

◆注意2

一字を二度にわたって読むから「再読文字」と呼ぶ。つまり「再読文字」は、あくまでも発音上の名称にすぎず、文法上の役割は別の話である。文法的には、ほとんどすべての読みにサ変動詞「す」が入っていることに注意。すなわち、1「未」、8「猶」、9「盍」以外は、いずれも英語の助動詞に似る。

▽再読文字と返り点の関係についてはP50を、再読文字の書き下し文における処置についてはP83を参照。

第6講　漢字の発音4　特殊な発音を持つ文字2　置き字

【定義】置き字とは、0《ゼロ》の読みを当てる文字、すなわち発音しない文字をいう。

【特徴】置き字は、中国語や韓国語で読むときには存在しない。いずれにおいても、すべての文字と発音は、一対一の対応関係となる。置き字の存在は、日本の訓読に特有の言語現象である。

◆訓読上の措置

1　文法機能を持つ文字は、その文法機能を送り仮名に反映させる。

①而《ジ》…同時・並行または連続・継起の関係を表す接続詞として機能する。

・順接となる。→「て」　＊英語〈and〉

〔例〕学《ビテ》而時《ニ》習《フ》レ之《ヲ》（学《まな》びて時《とき》に之《これ》を習《なら》ふ）〈勉強してその時々にそれを復習する。〉（『論語』学而篇）

・逆接となる。→「ども」　＊英語〈but〉

〔例〕視《レドモ》而不レ見《エ》（視《み》れども見《み》えず）〈目を向けていても見えない。〉（『大学』）

② 於《ヲ》…種々の意味を表す前置詞として機能する。

・動作の対象を表す。→「に」「を」

〔例〕志《シ》二於道《ニ》一、拠《ル》二於徳《ニ》一（道《みち》に志《こころざ》し、徳《とく》に拠《よ》る）〈正しい道を目指し、徳を根拠とする。〉（『論語』述而篇）

・位置・場所・範囲を表す。→「に」　＊英語〈at, in, into〉

〔例〕墜《ツ》二於水《ニ》一（水《みづ》に墜《お》つ）〈水に落ちる。〉（『呂氏春秋』察今篇）

・比較の対象を表す。→「より（も）」　＊英語〈than〉

〔例〕苛政《ハ》猛《ナル》二於虎《ヨリモ》一也（苛政《かせい》は虎《とら》よりも猛《まう》なるなり）〈厳しすぎる政治は虎よりも残酷である。〉（『礼記』檀弓下篇）

・起点・経由点を表す。→「より」　＊英語〈from, by way of〉

〔例〕救《フ》二民《ヲ》於水火之中《ヨリ》一（民《たみ》を水火《すいくわ》の中《うち》より救《すく》ふ）〈民を水火の中から救う。〉（『孟子』滕文公下篇）

・受身の動作主を表す。→「に」＊英語〈by〉

〔例〕労《スル》レ力《ヲ》者《ハ》治《メラル》二於人《ニ》一（力《ちから》を労《らう》する者《もの》は人《ひと》に治《をさ》めらる）〈力を使って働く者は他人に支配される。〉

（『孟子』滕文公上篇）

2 語気を表したり語調を整えたりする文字は、単に発音せずにすませる。

①矣《イ》…句末に位置して一定の語気を表す。

・完了の語気を表す。

〔例〕法已《ニ》定《マル》矣（法《はふ》已《すで》に定《さだ》まる）〈法令がすでに定まった。〉（『商君書』靳令篇）

＊完了の語気を、完了の助動詞「り」に反映させて、「法已《ニ》定《マレリ》矣」（法《はふ》已《すで》に定《さだ》まれり）のように訓読することも多い。

・決定・命令など、断言の語気を表す。

〔例〕君無《カレ》レ疑《フコト》矣（君《きみ》疑《うたが》ふこと無《な》かれ）〈何とぞ、お迷いなさらぬように。〉（『商君書』更法篇）

②焉《エン》…句末に位置して、断定・決定など、種々の語気を表す。

〔例〕凡《ソ》天下《ニ》戦国七《アリ》、燕《ハ》処《ル》レ弱《キニ》焉（凡《およ》そ天下《てんか》に戦国七《せんごくしち》あり、燕《えん》は弱《よわ》きに処《を》る）〈天下に全部で七つの戦える国があり、燕は弱いほうです。〉（『史記』蘇秦列伝）＊「燕」は国名。

③兮《ケイ》…いわゆる楚辞体の歌謡に常用され、合いの手として語調を整える。

〔例〕力抜《キ》レ山《ヲ》兮気蓋《フ》レ世《ヲ》（力《ちから》山《やま》を抜《ぬ》き　気《き》世《よ》を蓋《おほ》ふ）〈力は山も凌ぐほどであり、気概は世の中を覆い尽くしていた。〉（『史記』項羽本紀）

▽右のほか、「于・乎・也」などの文字が置き字扱いされることもある。

◆**注意1**

必ず置き字として用いる特殊な文字群が固定されて存在するわけではない。右のような文字を置き字として扱う場合もある、というのが実態である。現に、右の文字は次のような読み方をすることもあり、置き字として扱わないことも珍しくない。ただし、「兮《ケイ》」は常に置き字として扱われる。

・而…句頭に立つときは、置き字として扱わず、「しか（う）して」「しかるに／しかれども」などと訓ずる。

〔例〕勿《カレ》レ欺《クコト》也、而《シテ》犯《セ》レ之《ヲ》（欺《あざむ》くこと勿《な》かれ、而《しか》して之《これ》を犯《をか》せ）〈欺いてはいけない。そして逆らってでも申し上げよ。〉（『論語』憲問篇）

・於…「於」の導く語句（ここでは「於吾言」）が句頭に立つなど、動詞（ここでは「説」）の上方に位置するときは、置き字として扱わず、「おいて」と訓ずる。

〔例〕於《イテ》二吾《ガ》言《ニ》一無《シ》レ所レ不《ル》レ説《バ》（吾《わ》が言《げん》に於《お》いて説《よろこ》ばざる所《ところ》無《な》し）〈私の言葉はすべて喜んで受け入れる）。〉（『論語』先進篇）

〈参考〉無《シ》レ所レ不《ル》レ説《バ》二於吾《ガ》言《ニ》一（吾《わ》が言《げん》に説《よろこ》ばざる所《ところ》無《な》し）

・矣…詠嘆を表すときは「かな」と訓ずる。

〔例〕甚《ダシイ》矣、我《ガ》衰《ヘタル》也（甚《はなは》だしいかな、我《わ》が衰《おとろ》へたるや）〈ひどいものだなあ、私の衰えようは。〉（『論語』述而篇）

・焉…「於《イテ》レ此《ニ》」（此《ここ》に於《お》いて）の意を表すときは、「ここに」と訓ずる。

〔例〕心不《レバ》レ在《ラ》レ焉《ニ》、視《レドモ》而不レ見《エ》、聴《ケドモ》而不レ聞《コエ》（心《こころ》焉《ここ》に在《あ》らざれば、視《み》れども見《み》えず、聴《き》けども聞《き》こえず）〈心が上《うわ》の空《そら》だと目を向けていても見えないし、耳を傾けていても聞こえない。〉（『大学』）

◆注意2

置き字は、一般に「読まない字」と説明されるが、これは単に発音上の説明であり、解釈上も無視してよいというわけではない。置き字それぞれの文法上の機能や語気・語調をわきまえて解釈する必要がある。いかなる言語でも、無視してよい字を記すはずはない。漢文すなわち古典中国語についても同様である。

◆注意3

かつては、たとえば句中の「於」に助詞「に」を当てるような訓読の流儀もあったが、現在は行われない。

〔例〕志《シ》レ於《に》レ道、拠《ル》レ於《に》レ徳（道《みち》に志《こころざ》し、徳《とく》に拠《よ》る）〈前出〉

◆注意4

かつては、たとえば句中の「矣」を機械的に音読みするような訓読の流儀もあったが、現在は行われない。

〔例〕巧　言　令　色、鮮《シ》　矣　仁（巧言令色《こうげんれいしょく》、鮮《すくな》し矣《イ》仁《じん》）〈口先がうまく愛想のよい人には、少ないものだよ、仁の徳は。〉（『論語』学而篇）

▽置き字と返り点の関係についてはＰ51を参照。
▽再読文字と返り点の関係についてはＰ50を、再読文字の書き下し文における処置についてはＰ83を参照。

第7講　文法の要点1　文型

◆二大原則

(1)　（S）VO　←S＝主語（名詞）V＝動詞　O＝目的語（名詞）

＊英語に同じ。ただし、文脈から明らかな主語を省略する点は日本語に同じ。

(2)　修飾語＋被修飾語

＊英語・日本語に同じ。

＊修飾語は常に被修飾語の上に位置し、修飾関係は上から下へ向かう。

◆構文把握の要点

構文を把握するためには、単語の品詞を確定する必要がある。ところが、古典中国語の単語すなわち漢字には語形変化がないので、一般に一つの単語を見ても品詞が判断できない。

一つの単語の品詞は、周囲の単語との関係によって始めて確定できる。したがって、周囲の単語との関係、特に語順に注意しなければならない。

〔例〕白

・分《カツ》二黒白《ヲ》一（黒白《こくびやく》を分《わ》かつ）〈是非を見分ける。〉（『史記』秦始皇本紀）

　＊「黒白」＝「黒《くろ》」と「白《しろ》」→「白」は名詞

・白雲飛《ブ》（白雲《はくうん》飛《と》ぶ）〈白い雲が飛ぶ。〉（〔漢〕武帝「秋風辞」）

　＊「白雲」＝「白《しろ》き雲《くも》」→「白」は形容詞

・無《シ》三告二白《スルコト》於君《ニ》一（君《きみ》に告白《こくはく》すること無《な》し）〈君主に申し上げることはなかった。〉

　＊「告白」＝「告《つ》げ白《まを》す」→「白」は「申し上げる」意の動詞

・不レ知《ラ》二東方之既《ニ》白《ムヲ》一（東方《とうはう》の既《すで》に白《しら》むを知《し》らず）〈東の空がすでに明るくなってきているのもわからなかった。〉（〔宋〕蘇軾「前赤壁賦」）

　＊「既白」＝「既《すで》に白《しら》む」→「白」は「明るくなる」意の動詞

◆文型

二大原則(1)に示したように、英語にいう第三文型が根幹であるが、その他の英語の文型もすべて漢文に現れ、いずれについても主語の省略が可能である。ただし、第二文型において、動詞の省略された構文が通用する点には注意を要する。

◇第一文型＝（S）V

・国破《レテ》山河在《リ》（国《くに》破《やぶ》れて 山河《さんが》在《あ》り）〈国都は破壊されたが、山河だけはもとの姿を留めている。〉（〔唐〕杜甫「春望」詩）

・興《リ》二於詩《ニ》一、立《チ》二於礼《ニ》一、成《ル》二於楽《ニ》一（詩《し》に興《おこ》り、礼《れい》に立《た》ち、楽《がく》に成《な》る）〈詩を学ぶことに始まり、礼を学ぶことで確立し、音楽を学ぶことで完成する。〉（『論語』泰伯篇）

◇第二文型＝（S）VC

・子游為《ル》二武城《ノ》宰《ト》一（子游《しいう》武城《ぶじやう》の宰《さい》と為《な》る）〈子游が武城の長官になった。〉（『論語』雍也篇）＊子游＝人名。武城＝地名。

・為《レ》二君子《ノ》儒《ト》一、無《カレ》レ為《ルコト》二小人《ノ》儒《ト》一（君子《くんし》の儒《じゆ》と為《な》れ、小人《せうじん》の儒《じゆ》と為《な》ること無《な》かれ）〈器量の大きい儒者になりなさい、小賢《こざか》しい儒者になってはいけない。〉（『論語』雍也篇）

▽Vを省略した（S）Cも多用される。

・C＝名詞　此《レ》君之妻也（此《こ》れ君《きみ》の妻《つま》なり）〈これがそなたの妻である。〉（『続玄怪録』「定婚店」）

・C＝形容詞　月明《カニ》星稀《ナリ》（月《つき》明《あきら》かに 星《ほし》稀《まれ》なり）〈月が輝き星影が薄れる。〉（〔三国・魏〕曹操「短歌行」）

◇第三文型＝（S）VO

・知者《ハ》楽《シミ》レ水《ヲ》、仁者《ハ》楽《シム》レ山《ヲ》（知者《ちしや》は水《みづ》を楽《たの》しみ、仁者《じんしや》は山《やま》を楽《たの》しむ）〈知の人は川を好み、仁の人は山を好

む。〉（『論語』雍也篇）

・温メテレ故キヲ而知ルレ新シキヲ（故《ふる》きを温《あたた》めて新《あたら》しきを知《し》る）〈過去のことに習熟して、現在のことを理解する。〉（『論語』為政篇）

▽漢文では、一般に自動詞と他動詞の区別が明確でないため、第二文型＝（S）VCまたは第三文型＝（S）VOのいずれにも解せる場合がある。

◇第四文型＝（S）VO(IO)O(DO)

・趙モ亦タ終ニ不レ予ヘ二秦ニ璧ヲ一（趙《てう》も亦《ま》た終《つひ》に秦《しん》に璧《へき》を予《あた》へず）〈趙も結局は秦に璧を与えなかった。〉（『史記』廉頗・藺相如列伝）＊趙・秦＝国名。

・賜ハン二汝ニ万銭ヲ一（汝《なんぢ》に万銭《ばんせん》を賜《たま》はん）〈お前に大金《たいきん》をやろう。〉（『続玄怪録』「定婚店」）

▽二重目的語の順序を入れ換えると、第三文型＝（S）VOとなり、O(IO)であった名詞に多く前置詞「於」が付く点でも、英語の授与動詞を用いた第四文型の変化に似る。

↓……不レ予ヘ二璧ヲ於秦ニ一／賜ハン二万銭ヲ於汝ニ一

cf. He gave me the book. → He gave the book to me.

◇第五文型＝（S）VOC

・子路使《ム》二門人《ヲシテ》為《ラ》レ臣（子路《しろ》門人《もんじん》をして臣《しん》たらしむ）〈子路は門人を家臣として仕えさせた。〉（『論語』子罕篇）＊子路＝人名。＊この一文は、「使」を用いた〔使役形〕である。

・不《シテ》レ教《ヘ》而殺《ス》、謂《フ》二之《ヲ》虐《ト》一（教《をし》へずして殺《ころ》す、之《これ》を虐《ぎやく》と謂《い》ふ）〈教育もしないで死刑にする、これを虐というのだ。〉（『論語』尭曰篇）

◆注意1　基本的な文型以外についても、英語の構文との類似が認められる。

・〔感嘆文〕善《キ》哉問也（善《よ》きかな問《とひ》や）〈何とよい質問だろう。〉（『孟子』梁恵王下篇）

cf. How good your question is！

・〔禁止命令文〕無《カレ》レ倦《ムコト》（倦《う》むこと無《な》かれ）〈怠けてはいけない。〉（『論語』子路篇）

cf. Don't slack off in your duties.

◆注意2　文末の助字には、日本語との類似が認められる語もある。

・〔平叙文〕是《レ》礼也（是《こ》れ礼《れい》なり）〈これこそ礼なのである。〉（『論語』八佾篇）

・〔疑問文〕君子《モ》亦《タ》有《ル》レ窮《スルコト》乎（君子《くんし》も亦《ま》た窮《きゆう》すること有《あ》るか）〈立派な人物でも困窮することがあるのでしょうか。〉（『論語』衛霊公篇）

第8講　文法の要点2　語間連結構造

文型の範疇で把握できない語と語の連結構造のうち、最も重要なものは、修飾構造と並列構造である。

◆修飾構造

①**連体修飾（形容詞的修飾構造）**＝〔形容詞・名詞・動詞〕＋名詞

・善《キ》　人（善《よ》き人《ひと》）　・白《キ》　馬（白《しろ》き馬《うま》）

・城《ノ》　門（城《しろ》の門《もん》）　・獣《ノゴトキ》　心（獣《けだもの》のごとき心《こころ》）

・流《ルル》　水（流《なが》るる水《みづ》）　・往《キシ》　時（往《ゆ》きし時《とき》）

▽形容詞句も同等の修飾機能を持つ。

・苗《ニシテ》　而　不《ル》レ秀《デ》　者（苗《なへ》にして秀《ひい》でざる者《もの》）〈苗のままで穂を出さない人物〉（『論語』子罕篇）

苗而不秀　者 ← 形容詞句＝名詞「苗」＋接続詞「而」＋副詞「不」＋動詞「秀」

・好ムコトレ徳ヲ如クスルレ好ムガレ色ヲ者（徳《とく》を好《この》むこと色《いろ》を好《この》むが如《ごと》くする者《もの》）〈美女を愛するほどに道徳を愛する人物〉（『論語』子罕篇）

好徳如好色　者　←形容詞句＝主語〔動詞「好」＋名詞「徳」〕＋動詞「如」＋補語〔動詞「好」＋名詞「色」〕

②**連用修飾（副詞的修飾構造）**＝副詞＋〔動詞・形容詞・副詞・文〕

・大イニ笑フ（大《おほ》いに笑《わら》ふ）　・悠然トシテ去ル（悠然《いうぜん》として去《さ》る）

・甚ダ衆シ（甚《はなは》だ衆《おほ》し）　・極メテ狭シ（極《きは》めて狭《せま》し）

・不二必ズシモ有一レ徳ラ（必《かなら》ずしも徳《とく》有《あ》らず）〈必ずしも徳があるとはかぎらない。〉（『論語』憲問篇）

・不幸、短命ニシテ死セリ矣（不幸《ふかう》、短命《たんめい》にして死《し》せり）〈不幸なことに、若くして亡くなりました。〉（『論語』雍也篇）

▽副詞句も同等の修飾機能を持つ。

・自リ二遠方一来タル（遠方《ゑんぱう》より来《き》たる）〈遠くからやって来る。〉（『論語』学而篇）

自遠方　来　←副詞句＝前置詞「自」＋名詞「遠方」

・与二中 国一同《ジウス》レ俗《ヲ》（中国《ちゅうごく》と俗《ぞく》を同《おな》じうす）〈中国と風俗が同じである。〉（『漢書』張騫列伝）

与中国　同俗　←副詞句＝前置詞「与」＋名詞「中国」

▽名詞が副詞に転用される例に注意。

・手《ヅカラ》　抄《ス》（手《て》づから抄《うつ》す）
・毒《モテ》　殺《ス》（毒《どく》もて殺《ころ》す）
・兄《トシテ》　事《フ》（兄《あに》として事《つか》ふ）
・雲《ノゴトク》　散《リ》　霧《ノゴトク》　消《ユ》（雲《くも》のごとく散《ち》り霧《きり》のごとく消《き》ゆ）

◆並列構造

①**直接並列**　接続詞を用いず、複数の名詞をそのまま並べる。

・善悪　・男女　・天地人　・雪月花　・花鳥風月　・東西南北　・仁義礼智信

▽二字の直接並列構造は、そのまま修飾構造になるときもある。いずれの構造なのかは文脈によって判断するしかない。

〔例〕山水

・並列構造＝「山」と「水」。山間の美しい景色。

欸乃一声山水緑《ナリ》（欸乃《あいだい》一声《いっせい》　山水《さんすい》緑《みどり》なり）〈掛け声だけが響き、山も川も緑に染まっている。〉（〔唐〕柳宗元「漁翁」詩）＊欸乃＝舟を漕ぐときの掛け声。

・修飾構造＝「山」の「水」。山間を流れる川。

山水暴《カニ》漲《リ》、溺死《セシモノ》五千余人（山水《さんすい》暴《には》かに漲《みなぎ》り、溺死《できし》せしもの五千余人《ごせんよにん》）〈山あいの川が急に氾濫《はんらん》し、五千人余りが溺《おぼ》れて死んだ。〉（『新唐書』五行志）

②間接並列

間接並列　接続詞（与・而・且・及・或・若など）を用いて、複数の語句を並べる。

与・而・且・及＝both...and...　或・若＝either...or...

・楯《ト》与レ矛（楯《たて》と矛《ほこ》と）（『韓非子』難勢篇）

・柔《ニシテ》而弱《ナリ》（柔《じゅう》にして弱《じゃく》なり）

・貧《シク》且《ツ》賤《シ》（貧《まず》しく且《か》つ賤《いや》し）〈貧乏で身分が低い。〉（『論語』泰伯篇）

・漢軍及《ビ》諸侯《ノ》兵（漢軍《かんぐん》及《およ》び諸侯《しょこう》の兵《へい》）（『史記』項羽本紀）

・今之刑賞、或《イハ》由《リ》二喜怒《ニ》一、或《イハ》出《ヅ》二好悪《ニ》一（今《いま》の刑賞《けいしやう》、或《ある》いは喜《き》怒《ど》に由《よ》り、或《ある》いは好悪《かうを》に出《い》づ）〈今の

刑罰や恩賞は、喜怒や好悪から出ている。〉（『新唐書』魏徴列伝）

・以テ二木若シクハ泥ヲ一為レバレ鐘ヲ則チ無シレ声（木《き》若《も》しくは泥《どろ》を以《もつ》て鐘《かね》を為《つく》れば則《すなは》ち声《こゑ》無《な》し）〈木や泥で鐘を造れば音が出ない。〉（〔宋〕欧陽修『六一筆記』「鐘莛説」）

▽右のうち、訓読において最も注意すべきは「与」による並列構造である。

〔一般形〕Aト 与《と》レ B（AとBと）

〔要点〕①助詞「と」を二つの並列要素A・Bそれぞれに付けて訓読する。

②一つめの「と」はAの送り仮名とし、二つめの「と」はBから返って「与」の読みとする。

〔例〕富ト与ハレ貴、是レ人之所レ欲スル也（富《とみ》と貴《たつと》きとは、是《こ》れ人《ひと》の欲《ほつ》する所《ところ》なり）〈大きな富と高い身分とは、誰でもほしがるものだ。〉（『論語』里仁篇）

▽ただし、並列構造「Aト 与《と》レ B」（AとBと／「与」は接続詞 and）か、〈主語＋副詞句〉の構造「A 与《と》レ B」（A Bと／「与」は前置詞 with）か、紛らわしいときもあり、いずれの構造なのかは文脈によって判断するしかない。

〔例〕**管寧与二華歆一**共ニ園中ニ鋤クレ菜ヲ（……共《とも》に園中《えんちゅう》に菜《さい》を鋤《す》く）〈管寧《かんねい》と華歆《かきん》が（管寧が華歆と）二人で畑の作物を耕していた。〉＊管寧・華歆＝人名。

・管寧与ト二華歆一（管寧と華歆と）↓管寧と華歆の二人が……

・管寧与二華歆一（管寧 華歆と）↓管寧が華歆と二人で……

第9講　返り点1　符号と用法の原則

【定義】

返り点とは、漢文すなわち古典中国語の語順を、日本語の語順に変換する符号である。

	漢文		日本語	
〔例〕	読書	（動詞＋目的語） ⇒	読ムレ書ヲ	（書《しょ》を読《よ》む＝目的語＋動詞）
	自遠方	（前置詞＋名詞） ⇒	自リ二遠方一	（遠方《えんぽう》より＝名詞＋助詞）

【特徴】

返り点は、日本の漢文訓読に特有の語順変換符号である。日本と同じく漢文を大量に受容した朝鮮半島でも越南でも、朝鮮語・越南語はそれぞれ漢文と語順が異なるものの、返り点は発達しなかった。

◆種類

分類	呼称	符号	理論上の符号の数	備考
小返り	レ《れ》点（雁《かりがね》点）	レ	1	もと﹀《かりがね》の形
大返り	一二《いちに》点	一・二・三・四……	∞（無限大）	
	上《じょう》（中《ちゅう》）下《げ》点	上・中・下	3	
	甲乙《こうおつ》（丙《へい》）点	甲・乙・丙・丁……	10	十干《じっかん》
	天地《てんち》（人《じん》）点	天・地・人	3	三才《さんさい》

◆機能と位置

(1) **小返り**（レ点）

連続した二字の語順を下から上に転倒させる。↓下の字の左上に付ける。

(2) **大返り**（一二点・上（中）下点・甲乙（丙）点・天地（人）点）

連続した二字以外の語順を下から上に転倒させる。↓各字の左下に付ける。

◆用法の原則

（1）**小返り**〔レ点〕

連続した二字の上下を転倒させる（固い原則で、例外ナシ）。

〔付帯事項〕

ｉ 連続した二字の上下を転倒させる場合は、必ずレ点を用い、他の返り点を用いてはならない。

ⅱ 連続した二字の上下を転倒させる以外の場合に、レ点を用いてはならない。

〔例〕以テレ友ヲ輔クレ仁ヲ（友《とも》を以《もつ》て仁《じん》を輔《たす》く）〈友だちとの交流で仁の徳を成長させる。〉（『論語』顔淵篇）

匹夫モ不ルレ可カラレ奪フレ志ヲ也（匹夫《ひつぷ》も志《こころざし》を奪《うば》ふべからざるなり）〈わずか一人の男でも堅い志を奪い取ることはできない。〉（『論語』子罕篇）

（2）**大返り**〔一二点・上（中）下点・甲乙（丙）点・天地（人）点〕

①逐字逆行（各点内部の原則）

「字《じ》を逐《お》つて逆《さか》さまに行《ゆ》く」 字単位で返り点を付け、下から上へ向かう。

一二点　（…↑四↑三↑）二↑一

上（中）下点　下（↑中）↑上　＊二つの符号だけ使う場合は「上」と「下」を用いる。

甲乙（丙）点　…↑丁↑丙↑乙↑甲

天地（人）点　人↑地↑天

〔例〕博ク学ブ二於文ヲ一（博《ひろ》く文《ぶん》を学《まな》ぶ）〈広く古典を学ぶ。〉（『論語』雍也篇）

遠ク望ム三田間ニ有ルヲ二一馬一（遠《とほ》く田間《でんかん》に一馬《いちば》有《あ》るを望《のぞ》む）

②包含関係（各点相互の原則）

「包み含む関係」　一二点から天地人点まで、順に内から外へと拡張してゆく。

地　乙　下　二　一　上　甲　天

〔付帯事項〕

i　返り点どうしの並列関係は不可である。　×　二　一　下　上

ii　返り点どうしの交錯関係も不可である。　×　下　二　上　一

〔例〕欲ス乙得テ下備ヘシ二学徳ヲ一者ヲ上友トセント甲レ之ヲ（学徳《がくとく》を備《そな》へし者《もの》を得《え》て之《これ》を友《とも》とせんと欲《ほっ》す）〈学問と道徳を身につけた者を得て、それを友人にしたいと思う。〉（『顔氏家訓』勉学）

◆複合返り点（返り点の同居現象）

大返り四種の各点の第一符号（一・上・甲・天）とレ点が組み合わさる。

一レ　上レ　甲レ　天レ

▽複合返り点は、右の四種だけである。二レ・下レなどは存在しない。

▽たとえば、一レという特殊な機能を持つ符号が存在するわけではない。必要に応じて返り点を打っていった結果、たまたまレ点と一点が同居するという現象である。

〔例〕弑ス二父ト　与ヲレ君（父《ちち》と君《きみ》とを弑《しい》す）〈父と君主とを殺す。〉（『論語』先進篇）

◆補助符号「-」（連読符号《ハイフン》）…字間の中央に付ける。

返り点は、語順を下から上へと転倒させる機能しか持たない。大返りで転倒させた終点の字からすぐ下に連続して読まねばならない熟語などの場合は、返り点による切断を防ぐための補助符号として連読符号《ハイフン》が必要となる。

〔例〕軽‐二蔑ス臣下ヲ一（臣下《しんか》を軽蔑《けいべつ》す）

▽連読符号《ハイフン》は、本書で用いる仮称である。字間に付ける「‐」の正式名称は今なお存在せず、呼称は甚だ不統一の状態にある。

▽連読符号は、返り点による切断を防ぐための符号である。したがって、次の二点に留意する必要がある。

ア　熟語だからという理由で連読符号を付けるわけではない。返り点によって切断されるおそれがなければ、連読符号は不要である。

イ　返り点による切断を防ぐために連読符号を用いる以上、一般に連読符号の左には必ず返り点が存在し、連読符号は返り点と同居する。

〔例〕周知九州之地域、広輪之数〈全国の地域と面積をすべて知っておく。〉（『周礼』地官・大司徒）

・周ク知二九州之地域、広輪之数ヲ一（周《あまね》く九州《きうしう》の地域《ちゐき》、広輪《くわうりん》の数《すう》を知《し》る）

・周‐二知ス九州之地域、広輪之数ヲ一（九州の地域、広輪の数を周知《しうち》す）

◆注意1　再読文字と返り点

初読（右の読み）は返り点に拘束されない。再読（左の読み）だけが返り点に従う。すなわち、再読文字には必ず返り点が付く。

◆注意2　置き字と返り点

返り点は、訓読する際の発音の順序を示す符号である。したがって、発音を持たない置き字に返り点が付くことはない。

〔例〕未ダルレ入ラ二於　室ニ一也（未《いま》だ室《しつ》に入《い》らざるなり）〈まだ奥の部屋に入っていない。〉（『論語』先進篇）

未＝再読文字　＊再読「ず」（ここでは連体形「ざる」）は返り点に従う。

於＝置き字　＊返り点ナシ。

第10講　返り点2　例外措置

一般に、小返りのレ点に例外は生じない。例外が見られるのは大返りの「逐字逆行」および「包含関係」の原則であり、前者「逐字逆行」の例外には連読符号《ハイフン》が関係する。

(1)「逐字」の原則に反する例外

返り点の中継点に連読符号《ハイフン》が付く場合、その連読符号《ハイフン》と同居する中継点の返り点は、下から返ってくる終点としては原則どおり字単位で付けるが、上に進んでゆく起点としては例外的に語単位で付ける。

〔例〕患フ三所二‐以ヲ立ツ一（立つ所以《ゆゑん》を患《うれ》ふ）〈地位を得るだけの実力があるかどうかを気にかける。〉（『論語』里仁篇）

一点「立」から二点「所」に返り、連読符号《ハイフン》で「以」に下《お》りて「所以《ゆゑん》」と読む。ところが、二点「所以」から三点「患」に返るのは、二点が「所以」という語に付いているとしか考えようがない。もし二点が「所」に字単位で付いているとすれば、二点「所」からただちに三点「患」に返るはずであり、「所」と「以」をつなげて「所以」と読めなくなってしまうからだ。つまり、例外措置として、中継点の「所以」には、二点が語単位で付いているのである。

(2)「逆行」の原則に反する例外

目的語から四字の動詞に返るときは、動詞を二字ずつに分かち、それぞれに返り点を付けて、返り点に従って例外的に上から下へと読み下る。

〔例〕収㆓蔵 愛㆔惜ス 之ヲ㆒（之《これ》を収蔵愛惜《しゅうざうあいせき》す）〈これを収蔵して大切にする。〉（〔朝鮮〕蘇世讓「老松宋先生日本行録序」）

一点「之」から二点「収」に返り、「収」から連読符号《ハイフン》で「蔵」に下《お》りて、それが中継点ゆえに逐字の原則を犯し、二点が語単位で「収蔵」に付いて、さらに三点へと進んでゆくのは、右の(1)と同じ手続きである。ただし、ここでは、三点が二点の上方ではなく、下方に打ってある。これは、四字の動詞に返るときにだけ用いられる例外措置で、語の構成を重んじて、四字の動詞を二字ずつに分割したがために、逆行の原則に違反する。

(3)「包含関係」の原則に反する例外

一二点の外側で返り点が四つ必要な場合は、上（中）下点では符号が不足するため、例外的に上（中）下点を飛び越えて、甲乙点を用いる。

〔例〕得タリ㆜劫カシ㆓秦 王ヲ㆒、使ムルヲ㆛ 悉ク 反サ㆚諸 侯ノ 侵 地ヲ㆙（秦王《しんわう》を劫《おびや》かし、悉《ことごと》く諸侯《しょこう》の侵地《しんち》を反《かへ》さしむるを得《え》たり）〈秦の王をおどかして、侵略された諸侯の土地をすべて返還させることができた。〉（『史記』刺客列伝）

「秦王を劫かし」は「王」から「劫」へ一二点で返すだけであるが、「侵地を反さしむるを得たり」の「しむ」は使役動詞「使」の訓なので、「地↓反↓使↓得」と返ってゆくことになり、四つの返り点を必要とする。ところが、上（中）下点の符号は「上・中・下」の三つしかない。そこで、例外的に上（中）下点を飛び越し、ただちに甲乙点を用いてよい。

万一その外側でさらに返り点が必要であれば、改めて上中下点を使うことになっている。

◆**注意**

右の⑴と⑵について、特に歴史学・古文書学の方面では次のような返り点が少なからず見受けられ、本書の説く返り点法とは異なる。

(1)　患フ㆑所㆓以ヲ 立ツ㆒（立《た》つ所以《ゆゑん》を患《うれ》ふ）

＊本書の返り点法から見れば、このような返り点はレ点の用法に例外を生じることになるため、甚だ好ましからぬ印象である。

(2)　収㆓蔵‐愛‐惜ス 之ヲ㆒（之《これ》を収蔵愛惜《しうざうあいせき》す）

＊このように連読符号《ハイフン》を連用するほうが視覚の上では明快に映り、逆行の原則にも違反しない。ただし、「収蔵愛惜」を一語であるかのように扱っている点は、語構成の面で些少の無理が伴う。

◎第9・10講のまとめ　返り点練習問題

それぞれの書き下し文に適合するよう、白文に返り点を付けよ。

(1)　**基礎事項の確認**

①向《む》かふ所《ところ》敵《てき》無《な》し。〈どこに向かっても相手になる敵がいない。〉（〔三国・蜀〕諸葛亮「心書」）

所向無敵

②上《かみ》を犯《をか》すことを好《この》まずして乱《らん》を作《な》すことを好《この》む。〈目上に逆らうことを好まないのに乱を起こすのを好む。〉（『論語』学而篇）

不好犯上而好作乱

③五十歩《ごじつぽ》を以《もつ》て百歩《ひやつぽ》を笑《わら》ふ。〈五十歩逃げた者が百歩逃げた者を嘲笑《あざわら》う。〉（『孟子』梁恵王上篇）

以五十歩笑百歩

④己《おのれ》に如《し》かざる者《もの》を友《とも》とすること無《な》かれ。〈自分より劣った者を友人とするな。〉（『論語』学而篇）

無友不如己者

⑤吾《われ》復《ま》た夢《ゆめ》に周公《しゅうこう》を見《み》ず。〈私は周公を二度と夢に見なくなった。〉（『論語』述而篇）

吾不復夢見周公

⑥吾《わ》が好《この》む所《ところ》に従《したが》ふ。〈自分の好むままに生きてゆく。〉（『論語』述而篇）

従吾所好

⑦快刀《くわいたう》を揮《ふる》つて乱麻《らんま》を断《た》つが如《ごと》し。〈鋭い刀を振るって、もつれた麻を断ち切るかのようだ。〉

如揮快刀断乱麻

⑧賓客《ひんかく》と言《い》はしむべきなり。〈大切な客と応対させることができる。〉（『論語』公冶長篇）

〔注〕○と＝与（with）　○しむ＝使　○べし＝可

可使与賓客言也

⑨悪《あく》の小《せう》なるを以《もつ》て之《これ》を為《な》すこと勿《な》かれ。〈小さいことだからといって悪いことをしてはいけない。〉（『蜀志』先主劉備伝・注）

勿以悪小為之

⑩古《いにしへ》の聖賢《せいけん》の朽《く》ちざるを慕《した》つて一世《いつせい》に勤《つと》めて以《もつ》て心《こころ》を文字《もじ》の間《かん》に尽《つ》くさざる者《もの》莫《な》きなり。〈昔の聖人・賢人の不朽の価値に憧れ、一生をかけて文章に心を砕く者ばかりだ。〉（〔宋〕欧陽修「送徐無党南帰序」／一部を改変）

莫不慕古聖賢之不朽而勤一世以尽心於文字之間者也

(2) 連読符号《ハイフン》の用法

①秦《しん》の地《ち》を略定《りやくてい》す。〈秦の領地を侵略して平定する。〉（『史記』項羽本紀）

略定秦地

②之《これ》を裁《さい》する所以《ゆゑん》を知《し》らず。〈どのように実践すればよいのかわからない。〉（『論語』公冶長篇）

不知所以裁之

③庸《いづ》くんぞ其《そ》の年《とし》の吾《われ》より先後生《せんこうせい》なるを知《し》らんや。〈その人が自分より年上か年下かを問題とする必要があろうか。〉（〔唐〕韓愈「師説」）

庸知其年之先後生於吾乎

④天下《てんか》の心《こころ》を馴致服習《じゆんちふくしふ》す。〈天下の心を馴《な》れ従わせる。〉（〔宋〕蘇軾「策略」）

馴致服習天下之心

(3)　**「包含関係」の例外措置**

①士民《しみん》を励《はげ》まして君声《くんせい》を彰《あら》はす所以《ゆゑん》に非《あら》ざるなり。〈これでは、士民を鼓舞して君の名声を高めることはできません。〉（『史記』孟嘗君列伝）

非所以励士民彰君声也

② 凡《およ》そ人《ひと》は其《そ》の可《か》とする所《ところ》に従《したが》ひて、其《そ》の不可《ふか》とする所《ところ》を去《さ》らざるは莫《な》し。〈人は誰でも自分が可と思うことに従い、不可と考えることを捨て去るものだ。〉（『荀子』正名篇）

凡人莫不従其所可、去其所不可

(4) **総合問題**

① 君子《くんし》は其《そ》の人《ひと》を養《やしな》ふ所以《ゆゑん》の者《もの》を以《もつ》て人《ひと》を害《がい》せず。〈君子は人々の生活を助けるもののために人命を損ねたりはしない。〉（『孟子』梁恵王下篇）

君子不以其所以養人者害人

② 大王《だいわう》之《これ》を督過《とくくわ》するに意《い》有《あ》りと聞《き》く。〈大王が彼の過失を責めるおつもりだと聞きました。〉（『史記』項羽本紀）

聞大王有意督過之

③此《こ》れ吾《われ》の子《し》を居処《きよしよ》せしむる所以《ゆゑん》に非《あら》ざるなり。〈ここは私がそなたを住まわせる場所ではない。〉

（『古列女伝』母儀伝「鄒孟軻母」）

此非吾所以居処子也

④汝《なんぢ》をして妻子《さいし》を蓄《たくは》へ飢寒《きかん》を憂《うれ》ふるを以《もつ》て心《こころ》を乱《みだ》さず銭財《せんざい》を有《たも》ちて以《もつ》て医薬《いやく》を済《せい》せしめん。〈お前に、妻子を養い飢えや寒さを心配するがために心を乱さず、金《かね》について苦労することなく医療に専念させてやろう。〉

（〔唐〕韓愈「代張籍与李浙東書」／一部を改変）〔注〕○しむ＝使

使汝不以蓄妻子憂飢寒乱心有銭財以済医薬

第11講　送り仮名1
語彙領域

【定義】

送り仮名とは、訓読に際して、漢字の読みを明示するために必要な活用語尾などや、日本語として文意を通じさせるために必要な助詞・助動詞などをいう。かつては「添《そ》え仮名《がな》」「捨《す》て仮名《がな》」「尻《しり》仮名《がな》」などとも称した。

【形式】

文語文法に則り、歴史的仮名遣いを用いて、漢字の右下に小さく片仮名で付ける。

▽訓読における文語文法には、通常の文語文法すなわち平安中古文法の通則だけでは捌《さば》ききれない点がある。本講および第12・13講を参照のこと。

▽歴史的仮名遣いは、国語辞典・漢和辞典などで簡便に調べることができる。

・往時に多用された仮名遣いが必ずしも正しい歴史的仮名遣いとは限らない点に注意。

〔例〕×　或《ヒハ》（あるひは）↓○　或《イハ》（あるいは）

・字音仮名遣い（漢字の音読みの歴史的仮名遣い）は特に複雑なので、必要がある場合は、必ず国語辞典・漢和辞典などを参照すること。

〔例〕現代仮名遣い「ショウ」

↓字音仮名遣い「正」（シヤウ）・「承」（ショウ）・「小」（セウ）・「妾」（セフ）

【特徴】

訓読における送り仮名は、通常の日本語における送り仮名と同じ語彙《ごい》領域のみならず、その下に位置する補読《ほどく》領域にも現れる。すなわち、訓読における送り仮名は、補読領域を持つ点で、通常の日本語における送り仮名よりも範囲が広い。

〔概念図〕

通常の日本語における送り仮名
＝
	語彙領域		補読領域
漢字	〈読み仮名〉＋	《活用語尾など》＋	《助詞・助動詞など》
		訓読における送り仮名	

〔分析例〕

語彙領域の送り仮名

不レ知ニ将軍ノ寛ナルコト之至レルヲ此ニ也
（不 リシ／知 ラ／至 レ）

補読領域の送り仮名
（ノ／ナル／コト／ル／ヲ／ニ）

（将軍《しやうぐん》の寛《くわん》なることの《之》此《ここ》に至《いた》れるを知《し》らざりしなり《也》）

▽補読領域には、名詞（ここでは「こと」）なども現れる。
▽助詞・助動詞は、語彙領域（ここでは「之《の》」「也《なり》」）にも現れる。

◆語彙領域

語彙領域の送り仮名に最も深く関係するのは動詞である。特に通常の文語文法すなわち平安中古文法との相違を念頭に置いて要点を記す。

(1)　頻用される動詞は、サ変・四段・上二段・下二段動詞と、もともと少数の上一段動詞である。

(2) カ変動詞「く」は使わない。四段動詞「きたる」で代用する。

×「来《く》」→○「来《きタル》」　＊送り仮名が「来《ル》」でも、「来《きたル》」と読む。

(3) ナ変動詞は原則として使わない。「しぬ」はサ変動詞「しす」、「いぬ」は四段動詞「ゆく」で代用する。なお、訓読では必ず「ゆく」と訓じ、「いく」は用いない。

×「死《しヌ》」→○「死《しス》」

＊古来から定着している名句などの訓読にはナ変動詞「死ぬ」も現れるが、自ら訓読するときはサ変動詞「死す」を用いるのが無難である。

×「往《いヌ》」→○「往《ゆク》」　×「行《い》ク」→○「行《ゆ》ク」

(4) ラ変動詞は「あり」だけを用い、「をり」「はべり」「いまそがり」は使わない。「をり」は四段動詞「をる」として扱い、「はべり」は一般にサ変動詞「じす」で代用する。

○「有《あり》・在《あり》」

×「居《をり》・処《をり》」→○「居《をル》・処《をル》」

×「侍《はべリ》」→○「侍《じス》」

(5) 下一段動詞「ける」は、四段活用として扱う。

(6) 現行の訓読において敬語表現は衰退しているが、次のような敬語動詞が残存している。

×「蹴《け》テレ 琨《こん》ヲ 覚《さ》マス」→〇「蹴《け》リテレ 琨ヲ 覚マス」 ＊琨＝人名

尊敬「のたまはく」＝曰《のたまは》ク（おっしゃる）

「います」＝在《いま》ス（いらっしゃる）

謙譲「まみゆ」＝見《まみ》ユ（お目にかかる）

「まをす」＝白《まを》ス（申し上げる）

(7) 固定された読みや古風な印象の活用が見られる。

・「食」×「食《く》フ」→〇「食《くら》フ」 ＊送り仮名が「食フ」でも、「食《くら》フ」と読む。

・「うらむ」「しのぶ」は、四段活用ではなく、上二段活用として扱う。

×「不レ怨《うら》マ」→〇「不レ怨ミ」 ×「不レ忍《しの》バ」→〇「不レ忍ビ」

(8) 訓読者によって活用の異なる動詞がある。

・「用・須」 もちゐる（ワ行上一段）／もちふ（ハ行上二段）

▽「もちゐる」は奈良〜平安時代、「もちふ」は鎌倉時代以降の活用。

(9) その他、取り敢えず次のような語の読み方に注意しておくとよい。

出《ツ》＝出《い》づ　入《ル》＝入《い》る　抱《ク》＝抱《いだ》く　埋《ム》＝埋《うづ》む　怒《ル》＝怒《いか》る　違《フ》＝違《たが》ふ

◆注意1

音便の使用は、訓読者の裁量に任せられている。

・イ音便「哀《シイ》哉」（哀《かな》しいかな）←「哀しきかな」
・ウ音便「久《シウシテ》レ之《ヲ》」（之《これ》を久《ひさ》しうして）←「之を久しくして」
・促音便「起《ツテ》舞《フ》」（起《た》つて舞《ま》ふ）←「起ちて舞ふ」
・撥音便「学《ンデ》而時《ニ》習《フ》レ之《ヲ》」（学《まな》んで時《とき》に之《これ》を習《なら》ふ）←「学びて時に之を習ふ」

▽ただし、必ず音便を用いて訓読する語もある。

・イ音便「大《イニ》」（大《おほ》いに）×「大きに」「於《テ》」（於《おい》て）×「於《おき》て」
・促音便「以《テ》」（以《もつ》て）×「以《もち》て」「欲《ス》」（欲《ほつ》す）×「欲《ほり》す」

◆注意2

訓読みしていることを明示するために、不要とも思える送り仮名を付けることがある。これは、送り仮名の旧称「捨て仮名」にふさわしく、音読みされるのを防ぐ措置であるが、書き下し文において漢字が連続して読みづらくなるのを避ける効用もある。

・本《ト》（本《も》と）本《ト》好《ム》二黄帝老子之術《ヲ》一（本《も》と黄帝《くわうてい》・老子《らうし》の術《じゆつ》を好《この》む）〈もともと黄帝や老子の学問を好んだ。〉（『史記』陳丞相世家）＊黄帝＝中国の伝説上の帝王。

・皆《ナ》（皆《み》な）四海之内、皆《ナ》兄弟也（四海《しかい》の内《うち》、皆《み》な兄弟《けいてい》なり）〈世界中の人はみな兄弟である。〉

（『論語』顔淵篇）

◆注意3

送り仮名で読みを明示できるかどうか不安があるときは、読み仮名を付けてしまえばよい。

自《みづか》ら／自《おの》づから

〔参考〕江戸時代に行われた読み分けの方式

「自《ミ》」「自《オ》」＊送り仮名を付けず、読み仮名の初めの一字で読みを明示する。

◆注意4

送り仮名の長短は、通常の日本語と同じく、訓読者によって異なる場合がある。大半は、活用語尾から送るか、簡潔に送るかの相違であり、動詞の連用形が名詞に転用された語についても同様である。

曰《イハク》／曰《いはク》　願《ねがヒ》／願《ねがひ》

◆注意5　符号「〻」（二の字点）

送り仮名と同じく読みを示す唯一の符号として、二の字点「〻」が用いられる。この符号は、踊《おど》り字《じ》と呼ばれる反復音符の一つであり、一定の漢字に付けて、「同じ発音を二度繰り返して訓読みせよ」との指示を表す。

＊「同じ発音」には、「こもごも」のような連濁《れんだく》による濁音も含まれる。

＊音読みの反復に用いられることはない。

＊「ただ」「ほぼ」は、わずか二音節の読みのなかで清音と濁音が交替するため、近時は「〻」を用いず、送り仮名を付けることが多い。

＊書き下し文における処理についてはP83を参照。

〔例〕愈〻・弥〻＝いよいよ　各〻＝おのおの　交〻・更〻＝こもごも　数〻・屢〻＝しばしば　抑〻＝そもそも　偶〻・会〻・適〻＝たまたま　熟〻＝つらつら　益〻・滋〻＝ますます　看〻＝みすみす　諸〻＝もろもろ　稍〻・良〻＝やや

〔例〕唯〻・但〻＝ただ　略〻・粗〻＝ほぼ（近時はそれぞれ「唯《ダ》・但《ダ》」「略《ボ》・粗《ボ》」とすることが多い）

第12講　送り仮名2　補読領域

補読領域の送り仮名に最も深く関係するのは助詞と助動詞である。特に通常の文語文法すなわち平安中古文法との相違を念頭に置いて要点を記す。ただし、助詞・助動詞は、語彙領域にも現れ、なかには語彙領域にのみ現れる語もあるので注意を要する。また、後掲のように、名詞・動詞も補読領域に現れる。

◆補読領域

(1)　**助詞**　＊限られた少数の語しか使わない。

◇格助詞「が」「の」「を」「に」「と」「より」「して」「にて」

＊「の」は「之」、「と」は「与」、「より」は「自・従」「与」などの読みとして、語彙領域にも現れる。

＊「して」が使役の対象を表す場合は、必ず「をして」の形で用いる。

◇接続助詞「ば」「ども」「とも」「に」「て」「して」「ながら」

＊「ば」は「者」の読みとして、語彙領域にも現れる。

＊「ながら」は、ほぼ「生而《うマレナガラニシテ》」「両《ふたツナガラ》」に限って用いられる。

◇係助詞「は」「も」／「ぞ」「や」「か」（係り結び＝連体形）

＊「は」は「者・也」、「や」「か」は「也・乎・耶・歟」などの読みとして、語彙領域にも現れる。

◇副助詞「すら」「のみ」「ばかり」「まで」「しも」

＊「のみ」は「耳・爾・而已」などの読みとして、語彙領域にも現れる。

＊「ばかり」は「許・可」の読みとして、語彙領域にのみ現れる。必ず概数を表し、限定「〜だけ」の意味にはならない。

＊「しも」は、ほぼ「必《かならズシモ》」に限って用いられる。

◇終助詞「かな」

＊「かな」は「哉・夫・矣」などの読みとして、語彙領域にのみ現れる。

＊便宜上、終助詞「や・か」は、係助詞「や・か」（右掲）の文末用法として扱う。

◇間投助詞「や」「よ」（呼びかけ）

＊「や」は「也」、「よ」は「乎」の読みとして、語彙領域にも現れる。

(2)　**助動詞**　＊限られた少数の語しか使わない。

◇完了「り」「たり」／「ぬ」（少）

＊「たり」は、殊に「似たり」「得たり」「経たり」に好んで用いられる。

＊完了や存続を特に表現したい場合にのみ用いる。

◇過去「き」（少）

＊過去を特に表現したい場合にのみ用いる。

◇推量「む」「べし」

＊「む」は、撥音「ん」として用いる。

＊「べし」は「可」の読み、および再読文字「当」「応」「須」「宜」の再読として、語彙領域にも現れる。

◇打消「ず」

＊連用形・連体形・已然形はザリ系列の活用「ざり・ざる・ざれ」を用い、ザ行系列の連用形「ず」やナ行系列の連体形・已然形「ぬ・ね」は使わない。

＊「不」の読み、および再読文字「未」「盍」の再読として、語彙領域にのみ現れる。この打消「ず」は、絶対に補読領域に用いてはならない。「非《あらズ》」の「ず」は、語彙領域に属する。

◇打消推量「じ」（稀）

◇受身「る」「らる」

＊「見・被・所」などの読みとして、語彙領域にも現れる。

◇使役「しむ」

＊「使・令・遣・教・俾」などの読みとして、語彙領域にも現れる。

◇断定「なり」「たり」

＊「なり」は「也」、「たり」は「為」の読みとして、語彙領域にも現れる。

◇比況「ごとし」

＊「如・若」の読み、および再読文字「猶」の再読として、語彙領域にも現れる。

▽尊敬「る／らる／す／さす／しむ」・自発「る／らる」・希望「まほし／たし」・伝聞推定「なり」など、右以外の助動詞は、すべて使わない。

◆注意1

往時から読み習わされている定型句の訓読には、現行の訓読では用いない助動詞や、ほとんど見かけない活用形が含まれていることがある。

・所謂《いはゆる》（いはゆる）　「ゆる」は、奈良上代の受身「ゆ」の連体形
・聞説《きくならク》（きくならく）　「なら」は、伝聞推定「なり」の未然形　＊「く」↓P77を参照。
・已《ヤンヌル》　矣乎《かな》（やんぬるかな）　「ぬる」は、完了「ぬ」の連体形
・微《なかリセバ》（なかりせば）　「せ」は、過去「き」の未然形

◆注意2

助詞・助動詞を語彙領域に入れるか補読領域に入れるかは、訓読者によって異なる場合があるが、近時は語彙領域に入れるのが一般である。いずれにせよ、訓読の結果は同じであり、書き下し文も一致する。

・不二亦タ楽シカラ一乎《や》　「乎」を「や」と読む。
・不ヤ二亦タ楽シカラ一乎　「乎」を置き字とし、「や」を送り仮名とする。
↓亦《ま》た楽《たの》しからずや。
・是レ礼也《なり》　「也」を「なり」と読む。
・是レ礼ナリ也　「也」を置き字とし、「なり」を送り仮名とする。
↓是《こ》れ礼《れい》なり。

◆注意3

訓読では、助詞や助動詞を組み合わせた連語も多用される。特に接続助詞「して」は次のような言い回しで頻出する。

「にして」「として」「(〜く) して」「(ず) して」

(3) **名詞**

① 「こと」　名詞としては、最も補読の頻度が高い。

ア　主語となる用言を体言 (名詞) に変換するために用いる。この「こと」は省略できない。

〔例〕飛《ブコト》急《ナリ》＝飛《と》ぶこと急《きふ》なり
　　禱《ルコト》久《シ》＝禱《いの》ること久《ひさ》し

イ　目的語などとなる用言を体言（名詞）に変換するために用いる。この「こと」は省略してもよい。

〔例〕得《タリ》レ往《クコトヲ》＝往《ゆ》く（こと）を得《え》たり
　　不《ル》レ能《ハ》レ学《ブコト》也＝学《まな》ぶ（こと）能《あた》はざるなり〈まねることができない。〉（『論語』述而篇）
　　勿《カレ》レ憚《ルコト》レ改《ムルニ》＝改《あらた》むるに憚《はばか》る（こと）勿《な》かれ〈改めるのをためらうな。〉（『論語』学而篇）

②「ひと」ほぼ「或」に限って補読する。

或《ルヒト》曰《ク》＝或《あ》るひと曰《いは》く

③「とき」文脈により、助詞「の」を冠して補読する。

王戎七歳《ノトキ》＝王戎《わうじゆう》七歳《しちさい》のとき〈王戎が七歳のとき〉（『世説新語』雅量篇）＊王戎＝人名。

④「たび」頻度を表すために、数詞に補読する。

三《タビ》省《ミル》二吾《ガ》身《ヲ》一＝三《み》たび吾《わ》が身《み》を省《かへり》みる〈三回、自らを反省する。〉（『論語』学而篇）

⑤「かた」方角「東・西・南・北」に限り、助詞「の」を冠して補読する。

欲《ス》三東《ノカタ》渡《ラント》二烏江《ヲ》一＝東《ひがし》のかた烏江《うかう》を渡《わた》らんと欲《ほっ》す〈東に向かい烏江を渡ろうとした。〉（『史記』項羽本紀）

西《ノカタ》出《ヅ》二陽関《ヲ》一＝西《にし》のかた陽関《やうくわん》を出《い》づ〈西に向かい陽関を出る。〉（〔唐〕王維「送元二使安西」詩）

⑥「もの」文脈により、「者」または「物」の意味で補読する。省略してもよい。

莫《シ》二能《ク》仰《ギ》視《ルモノ》一＝能《よ》く仰《あふ》ぎ視《み》る（もの）莫《な》し〈仰ぎ見ることのできる者はいなかった。〉（『史記』項羽本紀）

莫《シ》レ良《キモノハ》二於眸子《ヨリ》一＝眸子《ぼうし》より良《よ》き（もの）は莫《な》し〈瞳ほど人柄をよく表す物はない。〉（『孟子』離婁上篇）

今無《シ》二一人《ノ》還《ルモノ》一＝今《いま》一人《いちにん》の還《かへ》る（もの）無《な》し〈今や一人も帰れた者はいない。〉（『史記』項羽本紀）

(4) 動詞

①「あり」動詞としては、最も補読の頻度が高い。

不レ利《アラ》＝利《り》あらず〈有利でない。〉（『史記』項羽本紀）

何《ノ》面目《アリテカ》見《ン》レ之《ヲ》＝何《なん》の面目《めんぼく》ありてか之《これ》を見《み》ん〈何の面目があって彼らに会えようか。〉（『史記』項羽本紀）

吾未《ダ》《ル》二嘗《テ》不《ンバアラ》一レ得レ見《ユルコトヲ》也＝吾《われ》未《いま》だ嘗《かつ》て見《まみ》ゆることを得《え》ずんばあらざるなり〈私はこれまでお目にかからなかったことはない。〉（『論語』八佾篇）

②「いふ」人名を「者」につなげるとき、助詞「と」を冠して補読する。

有《リ》二顔　回　者《トイフ》一＝顔回《がんくわい》といふ者《もの》有《あ》り〈顔回と申す者がおりました。〉（『論語』雍也篇）＊顔回＝人名。

▽有《リ》二顔　回　者《ナル》一（顔回なる者有り）と訓読することも多い。

③日本語では名詞としてしか読みようのない語が動詞として用いられる場合、適宜その名詞にふさわしい動詞を補読する。これは語彙領域における現象とも解せられる。

雨《フル》＝雨《あめ》ふる　雪《フル》＝雪《ゆき》ふる　風《フク》＝風《かぜ》ふく

指《サス》＝指《ゆび》さす　笞《ウツ》＝笞《むち》うつ　杖《ツク》＝杖《つゑ》つく　棹《サス》＝棹《さを》さす

名《イフ》＝名《な》いふ　名《ヨブ》＝名《な》よぶ

第13講　送り仮名3

平安中古文法以外の語法・文法

訓読の送り仮名に用いる文語文法は、平安中古文法を原則としつつも、時として上代・中世・近世の語法や文法が混入しているのが実態である。これは、上代から現代に至るまで訓読という営為が引き継がれてきたため、自《おの》ずから各時代の語法・文法の影響を受けた結果である。

近時は可能なかぎり平安中古文法に従おうとする傾向も見られるが、それを徹底すると、訓読独特の言い回しが滅んでしまう懸念も生ずる。

(1)　奈良上代語法

①ク語法　用言（動詞・助動詞）に準体助詞「く」または「らく」が付き、その用言を体言化する語法。「～することには」の意となる。

<訓読の語法・文法>概念図

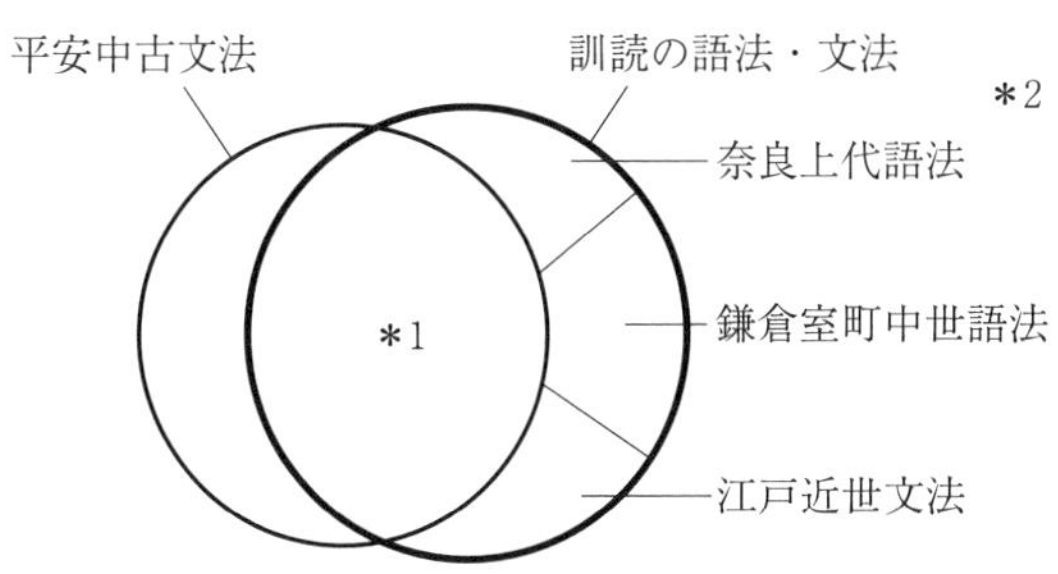

＊1　原則は平安中古文法すなわち通常の文語文法。
＊2　平安中古文法以外の語法・文法も用いる。
ただし、入門の段階で注意すべき事項は少数にとどまる。

準体助詞「く」　未然形に接続。〔例〕「思はく」
「らく」　終止形に接続。上一段動詞には未然形に付く。〔例〕「老いらく」

◇く
・曰《いは》く　＝「いふ」未然形＋「く」
・以為《おもへら》く　＝「おもふ」已然形＋完了「り」未然形＋「く」
・聞説《きくなら》く　＝「きく」終止形＋伝聞推定「なり」未然形＋「く」
・願《ねが》はくは　＝「ねがふ」未然形＋「く」＋係助詞「は」

◇らく
・疑《うたが》ふらくは＝「うたがふ」終止形＋「らく」＋係助詞「は」
・恐《おそ》らくは　＝「おそる」終止形＋「らく」＋係助詞「は」の縮約形

＊専門的には、すべて〈連体形＋「あく」〉とも説明されるが、「あく」は独立した語として確認されていないため、取り敢えず右のように理解しておけば十分である。

＊現代語の「曰く付き」「恐らく」「思わく」（「思惑」は当て字）「願わくは」などは、すべてク語法が生きた化石として残存しているものである。

②「無《な》け」「可《べ》け」

上代には、形容詞「なし」の未然形として「なけ」、助動詞「べし」の未然形として「べけ」が存在した。訓読では、左のような言い回しで用いられる。

・形容詞「なし」の未然形「なけ」＋推量「む」の撥音化「ん」→「なけん」

・助動詞「べし」の未然形「べけ」＋推量「む」の撥音化「ん」→「べけん」

	上代語法	中古語法
なし＋ん	なけん	なからん
べし＋ん	べけん*	べからん

＊特に「可《ケンヤ》」（べけんや）は、反語の言い回しとして多用される。

(2) 鎌倉室町中世語法

連語「不《ずンバ》」（ずんば）＝打消「ず」連用形＋撥音「ん」の介入＋係助詞「は」→「ば」（連濁）

▽順接仮定条件を表し、「〜しないならば」の意。

〔類例〕無《なクンバ》・可《ベクンバ》・如《ごとクンバ》

(3)　江戸近世文法

平安中古文法では、順接仮定条件を〈未然形＋「ば」〉、順接確定条件を〈已然形＋「ば」〉とし、明確に使い分けていた。けれども、江戸近世文法では〈已然形＋「ば」〉が、現代口語文法の〈仮定形＋「ば」〉に大きく接近し、順接仮定条件をも表すようになった。

現行の訓読は、直接には近世後期の訓読を引き継いでいるため、順接仮定条件・順接確定条件のいずれをも〈已然形＋「ば」〉で表すことが許容される。

実際には仮定条件なのか確定条件なのか判断しづらい場面もあるため、訓読にさいしては一つの有効な便法である。

	中古文法	近世文法
順接仮定条件	未然形＋「ば」	已然形＊＋「ば」
順接確定条件	已然形＋「ば」	

＊ほぼ現代口語文法の仮定形に等しい。

第14講　書き下し文

【定義】 書き下し文とは、訓読文を、日本語の語順に書き改めたものである。

＊「読み下し文」ともいう。往時は「訳文」「国訳」などとも称した。

【用途】 返り点・送り仮名に従って訓読した結果を示す。

＊往時は復文練習に用いられた。

【表記】 漢字＋平仮名

＊往時は「漢字＋片仮名」が多かった。

＊句読点・引用符などは、原則として原文に記されているとおりに付けておく。

〔例〕　我　読ムレ書ヲ。　＝訓読文（古典中国語の語順）

→我　書を読む。　＝書き下し文（日本語の語順）

書き下し文の作成方法については、細かい規則が存在するわけではない。なんとなく日本語として読みやすいように表記するとの心がけが必要なだけである。けれども、日本語として読みやすいようにと心がければ、自ずからいくつか表記上の要領が生じてくる。その要領をまとめると、次の四つの原則になる。

◆原則

（1）**原文にない漢字は書かない。**

〔例〕・不レ利《アラ》 → ○利《り》あらず　×利有《あ》らず

・行《クコト》三十里 → ○行《ゆ》くこと三十里《さんじふり》　×行く事《こと》三十里

（2）**発音しない漢字すなわち置き字は省略する。**

〔例〕・志《ス》二于学《ニ》一 → ○学《がく》に志《こころざ》す　×于学に志す

・敬《シテ》而遠《ザク》レ之《ヲ》 → ○敬《けい》して之《これ》を遠《とほ》ざく　×敬して而之を遠ざく

（3）**日本語の助詞・助動詞を当てて訓ずる漢字は仮名書きに改める。**

〔例〕・与二朋友一共《ニス》 → ○朋友《ほういう》と共《とも》にす　×朋友与《と》共にす

・不レ可《カラ》二徒行《ス》一 → ○徒行《とかう》すべからず　×徒行す可《べ》から不《ず》

▽ただし、漢字を残すか仮名書きに改めるかは、訓読者によって揺れも生じる。

〔例〕・如《シ》 → 如《ごと》し　＊助動詞ゆえに、右の原則に従えば「ごとし」。

・可《シ》 → 可《べ》し　＊助動詞ゆえに、右の原則に従えば「べし」。

〔例〕・有《あり》 ↓ あり ＊動詞ゆえに、右の原則に従えば「有り」。

・無《なシ》 ↓ なし ＊形容詞ゆえに、右の原則に従えば「無し」。

(4) **再読文字は、初読**（右の読み）**に漢字を当て、再読**（左の読み）**を仮名書きとする。**

〔例〕・過《ギタルハ》猶《ホ》《シ》レ不《ルガ》レ及《バ》 ↓ 過《す》ぎたるは猶《な》ほ及《およ》ばざるがごとし

・未《ダ》《ル》レ入《ラ》二於室《ニ》一也 ↓ 未《いま》だ室《しつ》に入《い》らざるなり

◆書式上の注意

(1) 引用の末尾〈ト〉・〈「」〉・句点の処理

〔例〕曰《ク》、「諾《ト》」。 ↓ 曰《いは》く、「諾《だく》」と。

(2) 「曰《いはク》」の筆写体

○ 曰 ＊平たく象《かたど》り、中央の横棒の右端を縦棒から少し離す。部首名「ひらび」（平日）を記憶しておくとよい。

× 日 ＊「日《ひ》」とは異なる。

(3) 踊り字（二の字点）の処理

〔例〕各〻《おのおの》 ↓ ・△各 ＊読みづらい。「各《カク》」と音読みされる可能性が高い。

・○ 各おの
・△ 各々 ＊原文は「各各」だと誤解される可能性がある。
・× 各各 ＊原文にない漢字を記している。

(4) 送り仮名のない主語の直後に漢字が続く場合の処理

〔例〕我 聞《ク》レ之《ヲ》 ↓・△ 我之《われこれ》を聞《き》く ＊空きを設けず、単にベタにつなげる。少し見づらい。
・○ 我 之を聞く ＊半角空きとする。
・△ 我　之を聞く ＊全角空きとする。離れすぎの印象がある。
・△ 我、之を聞く ＊読点を打つ。↓読点が訓読文よりも増加。

〔例〕子 路 曰《ク》、「衛《ノ》 君 待《チテ》レ子《ヲ》 而 為《サバ》レ政《ヲ》、子 将《ニ》ルト二 奚《ヲカ》 先《ニセント》一」。子 曰《ク》、「必《ズ》 也 正《サン》レ名《ヲ》 乎《ト》」。〈子路が尋ねた。「衛国の君主が先生をお招きして政治を行うとすれば、先生は最初に何をなさいますか」。先生は答えた。「何はともあれ、まずは名分を本来の正しい状態にすることだな」。〉（『論語』子路篇）
↓子路《しろ》曰《いは》く、「衛《ゑい》の君《きみ》子《し》を待《ま》ちて政《まつりごと》を為《な》さば、子《し》将《まさ》に奚《なに》をか先《さき》にせんとする」と。子《し》曰《いは》く、「必《かなら》ずや名《な》を正《ただ》さんか」と。
・「而」は置き字なので省略する。

・「将」は再読文字なので、初読「まさに」に漢字を当て、再読「する」は仮名で記す。
・「也」「乎」は助詞「や」「か」を当てているので、それぞれ仮名で記す。

◆欠点

(1) 置き字を省略してしまうため、置き字の意味合いや語気が伝わらない。

〔例〕可シレ謂フレ孝ト矣　↓　孝《かう》と謂《い》ふべし　〈孝と言ってよい。〉（『論語』学而篇）

＊「矣」が示す断言の語気が消失。

(2) 管到《かんとう》（上の語が下の語に掛かる範囲）が不明となる場合がある。

〔例〕君子ハ欲ス下訥ニシテ二於言ニ一而敏ナラント中於行ニ上〈君子は、口は重く、行動は敏速でありたいと望む。〉

（『論語』里仁篇）

＊「欲」の管到は「訥於言而敏於行」の七字。

cf. 君子ハ訥ニシテ二於言ニ一而欲スレ敏ナラント二於行ニ一〈君子は口が重いものだが、行動は敏速でありたいと望む。〉

＊「欲」の管到は「敏於行」の三字。

↓いずれの書き下し文も「君子《くんし》は言《げん》に訥《とつ》にして行《かう》に敏《びん》ならんと欲《ほつ》す」となってしまう。

◆書き下し文に関する注意

(1)　書き下し文だけを見て解釈してはいけない。書き下し文は、解釈作業において、あくまで参考であり、単なる手がかりと考えておいたほうが無難である。必ず原文の語順を熟視し、文法関係を確認しながら解釈すること。

〔例〕丘《きゅう》の学《がく》を好《この》むに如《し》かざるなり。＊「丘」は孔子（孔丘）の名。ここでは一人称「わたくし」の意。

原文＝不ル㆑如カ㆓丘 之 好ムニ㆑学ヲ 也　〈私の学問好《ず》きには及ぶまい。〉（『論語』公冶長篇）

「丘の」が「学」だけに掛かるのか、それとも「学を好む」まで掛かるのか、書き下し文のみでは管到が確定しづらい。原文「丘之好学」の語順を見てこそ、始めて「丘の」は「学を好む」まで掛かると明確に判断できる。cf. 不ル㆑如カ㆑好ムニ㆓丘 之 学ヲ㆒也。〈私の学問を好むほうがよい。〉

(2)　書き下し文の体裁・語順は日本語であるが、そこに現れる語句はあくまで古典中国語の意味合いを保っている。通常の日本語の語感のみで解釈してはいけない。

〔例〕既《すで》にして／已《すで》にして　＊原文は一般に「既《ニシテ》而／已《ニシテ》而」。

・正しい解釈は「まもなく」「しばらくすると」。

・通常の日本語の語感で「もう」「もはや」と解釈するのは誤り。

【書き下し文作成練習】

次の訓読文を書き下し文に改め、すべての漢字に読み仮名を付けよ。

① 請《フ》レ去《ランコトヲ》。

② 廉頗《トイフ》者《ハ》、趙之良将也。（『史記』廉頗・藺相如列伝）＊廉頗《れんぱ》＝人名。趙《てう》＝国名。

③ 廉頗為《リ》二趙《ノ》将《ト》一、伐《チテ》レ斉《ヲ》大《イニ》破《ル》レ之《ヲ》。（同右）＊斉《せい》＝国名。

④ 常《ニ》為《リ》二名大夫一。（『史記』管晏列伝）

⑤ 与レ俗同《ジクス》二好悪《ヲ》一。（同右）

⑥ 未《ダ》レ可《カラ》二与《ニ》立《ツ》一。（『論語』子罕篇）

第15講　漢文の体裁

純然たる原文すなわち白文に句読点を付け、引用符を加えるのは、日本と中国に共通する作業である。句読点を付ける作業を「句読《くとう》を切《き》る」という。ただし、その後の加工過程は日中で体裁を異にする。

〔注意1〕日本では〈曰く、「……」と〉と挟みつけて訓読することによって引用部分が明示されるものと見なし、引用符を省略することもある。

〔注意2〕引用部分のなかにさらに引用部分がある場合は二重鍵括弧『……』を用いるのが一般であるが、校訂者の好みによって他の符号が使われることもある。

【A】日本

日本では漢文を訓読するために、返り点・送り仮名を付ける。この種の符号を「訓点《くんてん》」と呼び、広くは句読点をも含む。訓点を加える作業を加点《かてん》という。

訓点（広義）
- 句読点
- 返り点 ┐
- 送り仮名 ┘ 訓点（狭義）

場合によっては、並列符号「・」を加えるが、読点「、」で代用することも少なくない。また、訓読文には並列の符号を付けず、書き下し文において並列を示す符号を加えることも多い。

〔例〕・子以《テ》レ四《ヲ》教《フ》。文・行・忠・信（文、行、忠、信）。

・子以《テ》レ四《ヲ》教《フ》。文行忠信。→子《し》四《し》を以《もつ》て教《をし》ふ。文《ぶん》・行《かう》・忠《ちゆう》・信《しん》（文、行、忠、信）。〈先生は四つのことを教育なさった。学問・実践・誠実・信義である。〉（『論語』述而篇）

【B】中国

中国でも並列符号「、」を付ける場合があるが、その機能は日本の並列符号「・」に同じ。日本と明確に体裁が異なるのは、情緒符号・固有名詞符号を加える点である。

(1) 情緒符号　＊符号・用法は、ほぼ英語に同じ。

①疑問符「?」◇疑問文＝可謂仁乎?（可《キ》レ謂《フ》レ仁《ト》乎／仁《じん》と謂《い》ふべきか）（『論語』雍也篇）

②感嘆符「!」◇感嘆文＝賢哉回也!（賢《ナル》哉回也／賢《けん》なるかな回《くわい》や）（『論語』雍也篇）

＊回＝人名。顔回《がんかい》を指す。

▽感嘆符は、感嘆文のみに限らず、校訂者の判断により、強い口調で発せられたと思われる発言などに用いられることもある。

〔**注意**〕反語文は、形式上は疑問文と同一でありながら、意味上は感嘆文に近いため、疑問符「?」を使うか、感嘆符「!」を用いるかは、校訂者によって異なる。反語文については、両者を組み合わせ、個人的に「!?」を用いて、疑問文・感嘆文との区別を図るのも一法であろう。

◇反語文＝是可忍也、孰不可忍也?／!（!?）

（是《レ》可《クンバ》レ忍《ブ》也、孰《レヲカ》不《ラン》レ可《カラ》レ忍《ブ》也／是《こ》れ忍《しの》ぶべくんば、孰《いづ》れをか忍《しの》ぶべからざらん）〈これが許せるならば、世に許せないものがあるだろうか。〉（『論語』八佾篇）

(2) 固有名詞符号

漢文は、大文字と小文字の区別がない均一な大きさの漢字で記されているため、英語と異なり、文中の固有名詞が視覚的に判別できず、読解に困難を来たすことが少なくない。この負担を軽減するために、固有名詞符号が付けられる。

①人名符号　＊該当する語彙の左に直線を引く。
人名をはじめ、地名・国名・王朝名・時代名・年号などの固有名詞に用いられる。
孔子　長安　楚　唐　春秋　開元六年

②書名符号　＊該当する語彙の左に波線を引く。
書名をはじめ、書中の篇名および文章題・詩題などの固有名詞に用いられる。
論語　学而　桃花源記　長恨歌

【参考】かつては、日本にも人名・地名・書名などの固有名詞について、該当する語彙の左右または中央に朱墨で線を引く「朱引《しゅびき》」という手法があったが、活字本が普及した現在、一般には行われない。個人的に色彩の区別を決め、ラインマーカーを用いて、たとえば人名を緑色、地名を青色、書名を淡紅色、年号を黄色などと塗り分けるのも一法であろう。

本書では、理解に資すべく、第20講以降の問題文には、必要に応じて中国式の情緒符号・固有名詞符号をも加え、反語文には試みに「!?」を用いる。

第16講　漢和辞典と参考書

(1)　漢和辞典

一般に、漢和辞典には、漢文・漢詩を閲読するための知識と、日本語のなかで漢字・漢語を使いこなすための知識とが記載されている。両者は重なる部分も多いが、後者の知識をそのまま漢文の訓読に当てはめることは不可のため、利用には慎重を要する。特に「国訓《こっくん》」には注意のこと。(↓P17を参照)

◆大型辞典

① 諸橋轍次《もろはしてつじ》『大漢和辞典』(大修館書店)

本文12巻・一字索引1巻・語彙索引1巻・補巻1巻＝全15巻

・日本最大の漢和辞典。通称「諸橋（大漢和）」。豊富な語彙数を誇る。

・多数の語彙が字音仮名遣い（漢字の音読みの歴史的仮名遣い）に従って排列されているため、親字《おやじ》から語彙を検索するのは不便。必ず語彙索引を利用すること。

・例文には返り点を付けるのみで、送り仮名はない。返り点についても連読符号《ハイフン》が省略されているので、例文そのものは読みづらい。

②諸橋轍次ほか『広漢和辞典』（大修館書店）
本文3巻・索引1巻＝全4巻
・①『大漢和辞典』の縮約版としての性格を持つ。
・すべての例文に返り点・送り仮名が付いており、連読符号《ハイフン》も記されている。訓読の学習には非常に便利な辞典。

▽現代中国語に通じていれば、『漢語大詞典』（中国・漢語大詞典出版社）本文12巻・索引1巻＝全13巻の活用も可能。甚だ便利な索引として『多功能漢語大詞典索引』（同）があり、多様な角度から熟語などが検索できる。

◆中型辞典（大型一冊本）

③尾崎雄二郎ほか『大字源』（角川書店）
④鎌田正ほか『大漢語林』（大修館書店）

◆小型辞典（小型一冊本）

⑤小川環樹ほか『新字源』（角川書店）
⑥鎌田正ほか『新漢語林』（大修館書店）
⑦戸川芳郎［監修］『全訳 漢辞海』（三省堂）

▽中型・小型辞典は多数にのぼるため、右は恣意による選択にすぎない。それぞれに優れた特色があり、たとえば③『大字源』・⑤『新字源』の附録には、訓読の学習にきわめて有用な「助字解説」「同訓異義」などが見える。

▽現代中国語に通じていれば、『古漢語常用字字典』（中国・商務印書館）の活用も可能。ただし、文字どおりの「字典」で、熟語は載っていない。

(2) 参考書

①多久弘一・瀬戸口武夫『漢文解釈辞典』（国書刊行会）

至便の参考書。この辞典さえ使いこなせば、句形がらみの訓読については、ほとんどすべて解決が可能である。

②江連隆『漢文語法ハンドブック』（大修館書店）

主要な句形その他の訓読について丁寧に解説がほどこされており、いささか専門家向きとはいえ、訓読の史的変遷や江戸時代の訓読関係資料などにも目配りが行き届いている。

③天野成之『漢文基本語辞典』（大修館書店）

内容こそ少数の基本語に限られるものの、説明が懇切丁寧で、文語文法についても十全に配慮している。

▽参考書も多数にのぼるため、右は恣意による選択にすぎない。たとえば小川環樹・西田太一郎『漢文入門』（岩波全書）も有益な内容だが、今日「入門」と称するには、かなり水準の高い一書である。

▽刊行年の古い参考書は、返り点の付け方などが現行の方式と異なる場合もあるため、相応の注意が必要である。

●第二部　応用練習●

第17講　訓読の要領

訓読は、必ず一つの正解に落ち着くという性質の作業ではない。訓読者によって相違が見られ、また、一人の訓読者においても、脳裡に訓読の候補がいくつか存在し、たまたまそのうちの一つを活字として発表したにすぎない、という可能性もある。これを「複数訓読共存原理」と呼んでおく。

◆複数訓読共存原理

〔例〕子路曰「衛君待子而為政、子将奚先」（『論語』子路篇）

・吉田賢抗『論語』（明治書院《新釈漢文大系》改訂版）

子路《しろ》曰《いは》く、衛君《ゑいくん》、子《し》を待《ま》ちて政《まつりごと》を為《な》さば、子《し》将《まさ》に奚《なに》をか先《さき》にせんとすと。

・金谷治『論語』（岩波文庫）

子路《しろ》が曰《い》わく、衛《えい》の君《きみ》、子《し》を待《ま》ちて政《まつりごと》を為《な》さば、子《し》将《まさ》に奚《なに》をか先《さ》きにせん。

・宮崎市定『論語の新研究』（岩波書店）

子路《しろ》曰《いわ》く、衛君《えいくん》、子《し》を待《ま》ちて政《まつりごと》を為《な》さば、子《し》は将《まさ》に奚《いず》れをか先《さき》にせんとする。

・吉川幸次郎『論語』中（朝日新聞社《中国古典選》）

子路《しろ》曰《い》わく、衛《えい》の君《きみ》、子《し》を待《ま》ちて政《まつりごと》を為《な》さば、子《し》、将《まさ》に奚《いず》れをか先《さき》にせん。

・加地伸行『論語』（講談社学術文庫）

子路《しろ》曰《いわ》く、衛君《えいくん》子《し》を待《ま》ちて政《まつりごと》を為《な》さば、子《し》将《まさ》に奚《なに》をか先《さき》にせんとする、と。

▽送り仮名の長短・仮名遣いの新旧など、体裁・表記の相違。
▽前半の主語「衛君」を、単に「衛君《エイクン》」と音読みするか、ばらして「衛《エイ》の君《きみ》」と訓読みを入れるか。
▽後半の主語「子」に、係助詞「は」を付けるか否か。
▽疑問詞「奚」を「なにをか」と訓ずるか、「いづれをか」と訓ずるか。
▽再読文字「将」の再読「す」を入れるか入れないか。入れるとしても、上方の係助詞「か」に呼応して連体形「する」に活用させるか、単に終止形「す」のままにするか。
▽「曰く」に呼応して引用の結びを示す「と」を記すか否か。

◆固定度の高低

ただし、訓読者が個々にまったく異なる訓読をしているわけではない。大まかには読みが共通しており、細かい部分で些少の相違を示すのが実態である。すなわち、訓読には固定度の高い部分と低い部分とがあり、固定度が最も高いのは句形と呼ばれる相関語句の類の読み、最も低いのは句と句の接続部分の読みである。

固定度　高　　　　　　　　　　　　　　　　　低

句形類　　再読文字・「食《くラフ》」「来《きタル》」など　　句間接続部分

したがって、句形の類は必ず辞典・参考書などで確認しつつ、型にはめて訓読する必要があり、また、その前提として、句形であることを見抜く眼力を養わねばならない。

一方、句間接続部分については、そのつど訓読を工夫する必要が生じる。もっとも、読み方が多岐にわたるわけではなく、数種の読み方のなかから一つを選ぶ作業にとどまるのが実態である。

◆句形　＊固定度〈高〉

句形の定義は明確でないが、「一定の語句を用いた表現の型」と承知しておけばよい。一般には、英語の〈too...to...〉〈so...that...〉に相当するような相関語句を典型とし、広く疑問文・反語文・感嘆文や否定・使役・受身・比較・仮定などに関わる語法、さらには倒置構文その他をも念頭に置いていう。参考書についてはＰ94を参照。

〔受身形〕三 歳ノ 時……**為**ル㆓狂 賊ノ **所**ト㆑刺ス（三歳《さんさい》の時《とき》……狂賊《きやうぞく》の刺《さ》す所《ところ》と為《な》る）〈三歳の時に……悪漢に刺された。〉

（『続玄怪録』「定婚店」）

〔比較選択形〕礼ハ**与**リハ二**其**ノ奢ラン一也**寧**ロ倹セヨ（礼《れい》は其《そ》の奢《おご》らんよりは寧《むし》ろ倹《けん》せよ）〈礼儀は派手にするよりも、むしろ質素にせよ。〉（『論語』八佾篇）

◆句間接続部分　＊固定度〈低〉

漢文すなわち古典中国語には、単に句と句を並べると、前方の句が仮定・条件、または原因・理由になり、後方の句がその帰結・結果を表すという性質がある。これは現在にまで引き継がれている中国語の性質で、現代中国語で例を挙げれば次のとおり。

你去、我也去。　＊你＝二人称代名詞〈you〉　＊去＝行く〈go〉　＊也＝～も〈also, too〉

〔仮定・条件〕君が行くのならば、
〔原因・理由〕君が行くのだから、　〔帰結・結果〕僕も行く。

中国語には「のならば」「のだから」に相当する字句がなく、直訳すれば「君が行く、僕も行く」となる。したがって、訓読にさいしては、句と句の接続部分に語句を補わねばならない。こうした句間の接続には、一般に次のような語句が用いられる。

〔順接〕・仮定条件　（〜せ）ば・（〜すれ）ば　＊仮定を表す。↓P80を参照。

・確定条件　（〜すれ）ば　＊原因・理由を表す。

・確定条件　（〜する）に　＊契機を表し、「〜したところ」の意味。

・恒常条件　（〜すれ）ば　＊教訓・格言の類に多用される。

〔逆接〕・仮定条件　（〜す）とも　＊上方に「縦令《たとひ》」があるなど、仮定条件であることが明確な場合に用いる。

（〜すれ）ども

・確定条件　（〜すれ）ども・（〜する）も

・恒常条件　（〜すれ）ども　＊教訓・格言の類に多用される。

◆四字一句の律動感

漢文は、四字で一つの意味のまとまりを成す律動《リズム》感を基調とすることが多い。四字句は一般に〈二字＋二字〉で構成されるが、それ以外の場合もある。

・仁者ハ不レ憂ヘ、知者ハ不レ惑ハ、勇者ハ不レ懼レ（仁者《じんしや》は憂《うれ》へず、知者《ちしや》は惑《まど》はず、勇者《ゆうしや》は懼《おそ》れず）〈仁の人は心配せず、智の人は迷わず、勇の人は恐れることがない。〉（『論語』憲問篇）

・過チテ而不ルレ改メ、是レヲ謂フレ過チト矣（過《あやま》ちて改《あらた》めざる、是《こ》れを過《あやま》ちと謂《い》ふ）〈過ちを犯して改めないのを、それこそ過ちというのだ。〉（『論語』衛霊公篇）

◆訓読の誤り

訓読に見られる誤謬は、漢字の見誤り・仮名遣いの誤り・文語文法上の誤りなど、基本的な過誤（これを防ぐだけでも相当の注意力を要する）を除けば、おおむね次の三種に分けられる。

(1)　**文法違反**　漢文の文法に違反した誤り。

・「愛甚」を「愛《あいス》レ甚《はなはダ》」と訓読したり（正しくは「愛《スルコト》甚《ダシ》」）、「使民以時」を「使《つかフ》レ民《たみヲ》レ以《もつテ》レ時《ときヲ》」と訓読したり（正しくは「使《フニ》レ民《ヲ》以《テス》レ時《ヲ》」）するような誤りをいう。

・この種の誤りを防ぐには、復文による検証が有効である。↓P122を参照。

(2)　**慣習違反**　訓読の慣習に違反した誤り。

・動詞「食」を「食《くフ》」と訓じたり（正しくは「食《くラフ》」）、「問政於孔子」を「問《とフ》レ政《せいヲ》二於孔《こう》子《しニ》一」と訓じたり（正しくは「問《フ》二政《ヲ》於孔子《ニ》一」）するような誤りをいう。

・この種の誤りを防ぐには、十分に辞典・参考書などを参照して、訓読の慣習にかなった穏当な訓読を心がけ、奇《き》を衒《てら》わぬことが肝要である。

▽ただし、何を以て訓読の慣習と認めるかは訓読者によって相違する可能性があり、また、慣習から外れた訓読に対する許容範囲も訓読者によって異なる可能性が高い。実際、本講の冒頭に示したように、固定度が高いはずの再読文字「将」についてさえ、扱いが一定しない場合もある。

(3) **文脈違反**　漢文の文法上も訓読の慣習上も正しい訓読でありながら、実は文脈に合わず、前後の文章の意味がすんなりと通じない誤り。

・反語文と解して「可《ベケン》レ信《しんズ》乎《や》」と訓読すべきを、疑問文と解して「可《ベキ》レ信《しんズ》乎《か》」と訓読してしまうような誤りをいう。

・この種の誤りを防ぐには、訓読に慣れ親しみ、語感・文章感覚を研《と》ぎ澄《す》ますしかない。

第18講　常用漢語　訓読演習

(1) 主述関係

a 名詞＋動詞　①地震　②日没

b 名詞＋形容(動)詞　③幸甚　④月明

(2) 修飾関係

a 形容詞＋名詞　①白髪　②悲劇　③勇者

b 副詞＋形容(動)詞　④甚大　⑤最善　⑥極貧

c 副詞＋動詞　⑦快諾　⑧徐行　⑨予定　⑩自然　⑪熟考　⑫親展

d 名詞(副詞への転用)＋動詞

⑬蛇行　⑭林立　⑮蝟集　⑯君臨　⑰客死　⑱師事　⑲手記

⑳類推　㉑指弾　㉒文化

(3) **並列関係**

a 類義語の並列 ①優秀 ②学習 ③勉強 ④告白

b 対義語の並列 ⑤山河 ⑥飲食 ⑦往来

(4) **動詞＋目的語関係** ＊便宜上、他動詞と自動詞を区別しない。

①改装 ②被害 ③補欠 ④避難 ⑤遺憾 ⑥登山 ⑦入室 ⑧出場

⑨随意 ⑩中毒

(5) **その他**

a 存在 ①有力 ②無風 ③勿論

b 否定 ④不発 ⑤非常 ⑥未来

c 雑題 ⑦将来 ⑧如実 ⑨生来

第19講　三字表現・四字成語　訓読演習

◆三字表現

①不可避

②不必要

③不世出

④不得已

⑤不如意

⑥未曽有

◆四字成語

① 有名無実
③ 前代未聞
⑤ 不得要領
⑦ 不即不離
⑨ 日進月歩
⑪ 勧善懲悪
⑬ 隔靴掻痒
⑮ 投珠与豕
⑰ 不可抗力

② 傍若無人
④ 時期尚早
⑥ 不俱戴天
⑧ 以心伝心
⑩ 百発百中
⑫ 臨機応変
⑭ 転禍為福
⑯ 隔墻有耳

＊「墻」は壁《かべ》。

第20講　短文　訓読演習

◆一般の短文

① 孔子聖人也

② 落花似雪

③ 敵軍破城門

④ 孔子問礼於老子

＊「於」＝動詞「問」の間接的対象を表す。≒（ask...）of

⑤ 霜葉紅於二月花

＊「於」＝形容詞「紅」の比較の対象を表す。≒（redder）than

◆再読文字を含む短文

⑥ 未聞好学者也

⑦ 過猶不及

⑧ 盍各〻賦詩言志

◆返読文字を含む短文

⑨ 多労而少功

⑩ 百聞不如一見

第21講　長文訓読

準備演習(1)

1　次の訓読文を書き下し文に改めよ。

2　後掲の【大意】に適合するように、すべての漢字に読み仮名を付けよ。

信安郡《ニ》有《リ》二巨石一。晋《ノ》時、王質伐《リテ》レ木《ヲ》至《リ》レ是《ニ》、見《ル》二童子数人《ノ》或《イハ》弈《シ》或《イハ》歌《フヲ》一。質撫《シテ》二斧柯《ヲ》一視《ルニ》レ之《ヲ》、童子以《テ》二一物《ヲ》一与《フ》レ質《ニ》。状如《シ》二棗核《ノ》一。質含《メバ》レ之《ヲ》、不レ覚《エ》二飢餓《ヲ》一。久《シクシテ》レ之《ヲ》、童子謂《ヒテ》レ質《ニ》曰《ク》、「何《ゾ》不《ルト》レ去《ラ》⁉」。質行《キ》、視《ルニ》二其斧柯《ヲ》一、已《ニ》爛《レ》尽《クセリ》。既《ニ》帰《レバ》、無《シ》二復《タ》当時《ノ》人一。

〔注〕○信安郡　現在の浙江省衢《く》州にあった地名。○弈　囲碁を打つ。○撫　にぎる。○斧柯　斧の柄《え》。○棗核　ナツメのさね。

〔句法〕○或〜或…　〜したり…したりする。　○久之　しばらくして。　○何不　反語。どうして〜しないのか。再読文字「盍」に同じ。↓P24を参照。

【大意】

信安郡に巨大な石があった。晋朝の時、王質という者が木を伐ってその石のところにやってくると、数人の子どもが碁を打ったり歌を唱ったりしている姿が目に入った。王質が斧の柄を握ってその様子を見ていると、子どもがある物をくれた。ナツメのさねのような形をしている。王質がそれを口に入れてみると、まったく腹が空かなくなった。ほどなくして、子どもが王質に「もう帰ったら」と言う。王質が歩き出し、斧の柄を見ると、ぼろぼろに腐りきっていた。いざ家に帰ってみたところ、自分が生きていた当時の人々は、もはや誰もいなかった。

〔潘武・屠元礼〔編〕『中華故事』〔中華書局、北京、二〇〇二年〕第二冊／九〇〜九一ページ所載本文に基づいて些少の修訂を加えた。もと〔南朝・梁〕任昉『述異記』巻上に見える「爛柯」の故事〕

第22講 長文訓読 準備演習(2)

1 後掲の【大意】に適合するように、次の漢文に送り仮名を付けよ。

2 全文を書き下し文に改め、すべての漢字に読み仮名を付けよ。

愚民家養二‐得一鷲一。一日生レ蛋、験レ之乃金蛋也。喜不二自勝一、忖曰、

「吾視二其腹便便一、其中不レ知二何許一。宰而取レ之、当レ得二大富一！」。遂殺

而剖二其腹一、一無レ所レ有。

〔注〕○何許 「いくばく」。どれほど。

〔句法〕○乃 「すなはち」。なんと。意外性を表す。 ○当 再読文字「まさに…(す)べし」。

【大意】

愚か者が、家で一羽の鵞鳥《ガチョウ》を飼っていた。ある日、卵を産んだので、調べてみると、なんと金の卵である。愚か者は、喜びのあまり、皮算用をして言った。「こいつの腹がふくらんでいるところを見ると、まだ腹の中にどれだけ金の卵があるかわかったものではない。殺してそれを取り出せば、きっと大金が手に入るはずだ」。そこで鵞鳥を殺して腹を割《さ》いてみたが、何一つ出てこなかった。

（『意拾喩言』〈漢訳『イソップ物語』〉「鵞生金蛋」〈鵞鳥 金の卵を産む〉）

第23講　長文訓読演習(1)

1　後掲の【大意】に適合するように、次の白文に返り点・送り仮名を付けよ。
2　全文を書き下し文に改め、すべての漢字に読み仮名を付けよ。

広出猟、見草中石、以為虎而射之。中石没鏃、視之石也。因復更射之、終不能復入石矣。

〔注〕○広　李広。漢代の将軍。異民族の匈奴《きょうど》を討って功があり、匈奴から「漢の飛将軍」と恐れられた。
〔句法〕○以為～　「もって～となす」。～と思う。○而　置き字。接続詞。○矣　置き字。断言の語気を表す。

【大意】

李広が猟に出かけ、草むらのなかの石を見て、虎だと思って矢を射た。矢は石に命中して尖端がめり込んだが、よく見ると石であった。そこであらためて矢を射てみたが、もう二度と石にめり込ませることはできなかった。

（『史記』李広伝）

第24講　長文訓読演習(2)

1　後掲の【大意】に適合するように、次の白文に返り点・送り仮名を付けよ。

2　全文を書き下し文に改め、すべての漢字に読み仮名を付けよ。

昔有犬過橋、其口咬有肉一塊。忽見橋下有狗、口亦咬肉、不知其為影也。遂捨口之肉、而奔奪之、幾乎淹死。其真肉已随流水去矣。

〔注〕○幾乎　「幾」は「ちかし」。「乎」は置き字。対象を表す。二字で「ほとんど」の意。

〔句法〕○而　置き字。接続詞。　○矣　置き字。完了を表す。

【大意】

かつて、ある犬が橋を渡っていて、口に一かたまりの肉をくわえていた。ふと橋の下にこれまた肉を口にくわえている犬の姿が見えたが、それが自分の影であるとはわからなかった。そこで自分の口にくわえていた肉を捨て、走って相手の肉を奪おうとし、あやうくおぼれ死にしそうになった。その本物の肉はすでに水に乗って流れ去ってしまっていた。

（『意拾喩言』〈漢訳『イソップ物語』〉「犬影」〈水に映った犬の影〉）

第25講　長文訓読演習(3)　特殊問題

1　後掲の【大意】（英文）を参考にして、次の漢文に返り点・送り仮名を付けよ。

〔注意〕この問題文には口語的表現、すなわち白話文の要素が交じっている。

2　全文を書き下し文に改め、すべての漢字に読み仮名を付けよ。

五台山某禅師、収一沙弥、年甫三歳。五台山最高、師徒在山頂修行、従不一下山。後十余年、禅師同弟子下山。沙弥見牛馬鶏犬、皆不識也。師因指而告之曰「此牛也、可以耕田。此馬也、可以騎。此鶏犬也、可以報暁、可以守門」。沙弥唯唯。少頃、一少年女子走過。沙弥驚問「此又是何物？」。師慮其動心、正色告之曰「此名老虎。人近之者、必遭咬死、尸骨無存」。沙弥唯唯。

晩間上山、師問、「汝今日在山下所見之物、可有心上思想他的否?」。曰、「一切物我都不想、只想那吃人的老虎。心上総覚捨他不得」。

〔清〕袁枚『続子不語』巻二「沙弥思老虎」〈若き僧 虎を思う〉

〔注〕〇五台山　山西省東北部の山。仏教の聖地として名高い。〇沙弥　仏門に入ったばかりの男子の見習い僧。〇三歳　数え年。満二歳。〇唯唯　素直に聞き入れるさま。〇少頃　「しばらくして」。〇老虎　トラ。「老」は単なる接頭辞。〇心上　心のなか。〇他的　口語的表現。ここでは上文の「物」を指すので、便宜上「もの」と訓ず。〇都　「すべて」。〇那　「かの」「あの」。〇吃　ここでは「喫」に同じで「食べる」意。〇的「の」。口語的表現で「之」に同じ。〇総　「すべて」。ここでは「ずっと、いつも」の意。〇他　「かれ」。三人称代名詞で上文の「老虎」を指す。

〔句法〕〇甫　「はじめて」。やっと～になったばかり。〇従不～　「よりて～（せ）ず」。これまで～したことがない。「従」は「従来」の意。〇同　「（～と）ともに」。〇而　置き字。接続詞。〇者　置き字。仮定を表す。「ば」と訓ずるも可。〇捨～不得　捨てようとしても惜しくて～を捨てきれない。ここでは「忘れようとしても～を忘れられない」意。

【大意】

A monk of the Wu-t'ai Shan had a disciple who came to him when he was only two years old. They lived on the very top of the mountain, pursuing their devotions, and for ten years never once went down into the plain. When at last they one day came down to the nearest village, the boy saw many things he had never seen before. The Master was obliged to explain, "This is an ox ; it is used when one is ploughing a field. This is a horse ; it is used for riding on. This is a cock ; it announces the dawn. This is a dog ; he guards the gate", and so on. After a time, they met a girl. "What is that?", asked the disciple. "That is a tiger", said the monk, afraid that the boy might take a fancy to her. "If anyone goes near it, the creature devours him, bones and all."

That evening, when they were back on the mountain, the monk said, "What did you think of all the things we saw today? Was there anything you took a fancy to?" "I keep on thinking of that man-eating tiger we met", the boy said. "I can't get the creature out of my head."

The English version is quoted from Arthur Waley, *Yuan Mei, Eighteenth Century Chinese Poet,* Allen and Unwin Ltd., London ; The Macmillan Company, New York, 1956 ; p.138.

第26講　復文の要領

【定義】　復文とは、書き下し文（日本語の語順）を、漢文の原文（古典中国語の語順）に復元する作業である。

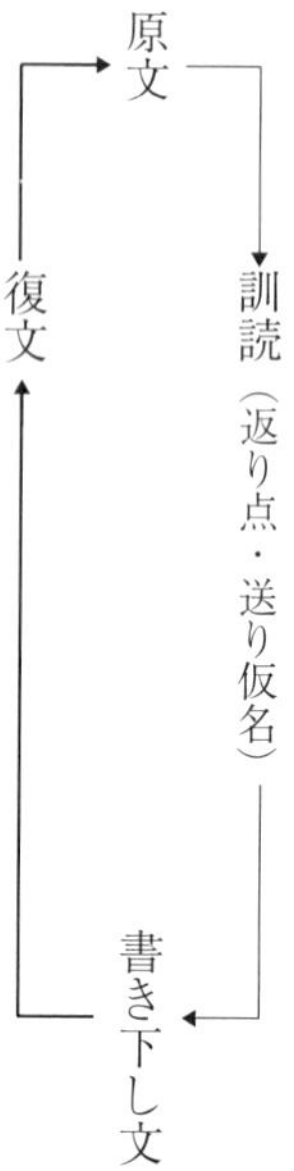

【特徴】　英語の単語整序問題とほぼ同じ性質を有し、漢文の構文・語順を理解するのにきわめて有益な練習作業である。

▼作業の前提

第14講に掲げた「書き下し文」の◆原則（→P81を参照）の「(2)　発音しない漢字すなわち置き字は省略する。」および「(3)　日本語の助詞・助動詞を当てて訓ずる漢字は仮名書きに改める。」により、書き下し文の漢字数をCk、原文の漢字数をCtと置くと、次の関係が成り立つ。

$Ck \leqq Ct$

この不等式は、書き下し文の漢字数のほうが、原文の漢字数よりも少ない場合があることを意味する。つまり、復文にさいしては、仮名書きの語を漢字に改める可能性が生ずる。

▼作業の手順

〔注意〕 本書では、第27講以下、復文の出題に当たっては、総字数を指定し、置き字の位置と字種を明示する。

(1) 書き下し文の漢字数と、指定された総字数および置き字を確認し、仮名書きの語を漢字に復元する必要があれば、書き下し文を検討して、どの仮名書きの語が漢字に復元され得るか、その候補を考えておく。漢字に復元される可能性のある仮名書きの語については、P124を参照。

(2) 書き下し文を文節に分ける（助詞「ね」を付けつつ区切ってゆく）。

(3) 文節に分けた語句どうしの文法関係を検討し、文法関係ごとに原文を復元して、箇条書きにする。原文の語順については、次ページ「▼語順の組み立て方」を参照。

(4) 箇条書きにした文法関係がすべて満たされるように原文全体を復元する。

(5) 指定された総字数との一致を確認し、字数が不足する場合は、漢字に復元すべき仮名書き語を再吟味して、字数を調整する。

(6) 書き下し文に従って、復元した原文に返り点・送り仮名を付け、訓読と書き下し文との一致を確認する。

▼語順の組み立て方

ア　構文の大原則は「主語＋動詞＋目的語」である（↓P34を参照）。

イ　修飾構造は必ず「修飾語＋被修飾語」となる（↓P34を参照）。修飾語と被修飾語は、原則として直接に結び付く。ただし、連体修飾構造の場合は、両者の間に「之」が介入することがある。

ウ　原文の語順が不明のときは、英語で表現した場合の語順を参考にするとよい。

▼格言　「鬼《おに》と逢《あ》ったら返せ」

格助詞「を・に・と」に出逢ったら、その下の動詞を上に置き、「を・に・と」の付いた語から返るように語順を転倒させれば、漢文の語順に復元できることが多い。日本語の〈目的語＋動詞〉構造を、漢文の〈動詞＋目的語〉構造に変換するための要領である。

・之《これ》**を**失《うしな》ふ　↓　失之（失フ㆑之ヲ）。
・厚《あつ》き**に**帰《き》す　↓　帰厚（帰ス㆑厚キニ）。
・盛《さか》ん**と**為《な》す　↓　為盛（為ス㆑盛ントト）。

〔例題〕我《われ》善《よ》く吾《わ》が浩然《かうぜん》の気《き》を養《やしな》ふ。（全八字／置き字ナシ）
〈私は、強くのびやかな精神を十分に養っている。〉（『孟子』公孫丑上篇）

（1）書き下し文の漢字数＝七字／指定された総字数＝八字

↓仮名書きの語を一字だけ漢字に復元する必要がある。

Ｐ124を参照し、「の」を漢字に復元すべき候補としておく。

（2）「ね」を付けつつ文節に分かつ。

↓我《われ》（ね）善《よ》く（ね）吾《わ》が（ね）浩然《かうぜん》の（ね）気《き》を（ね）養《やしな》ふ。

（3）・主語「我」＋目的語「浩然の気」＋動詞「養ふ」↓「我＋養＋浩然の気」

＊「浩然の気を」の「を」を目安にして、下の動詞「養ふ」を上に置く。

・修飾語「善く」＋被修飾語「養ふ」↓「善＋養」

・修飾語「吾が」＋被修飾語「浩然の気」↓「吾＋浩然の気」

・修飾語「浩然の」＋被修飾語「気」↓「浩然の＋気」

（4）右の四つの関係をすべて満たすように語順を組み上げる。

↓我＋善＋養＋吾＋浩然の＋気（漢字数＝七字）

(5)　漢字が一字だけ不足するため、「の」を漢字「之」に改める。

↓我　善　養　吾　浩　然　之　気（漢字数＝八字）

(6)　訓読の確認　↓我　善ク　養フ二　吾ガ　浩　然　之　気ヲ一

◆復文の効用

復文は、自ら施した訓読が文法的な誤りを犯していないかを検証するための有効な手段となる。その作業手順は左のとおり。

①　自分の訓読を書き下し文にする。

②　その書き下し文を復文する（復文の手続きはP119に示した「▼作業の手順」に同じ）。

③　復文の結果が原文と一致すれば、文法的には正しい訓読であると確認できる。もし復文の結果が原文と一致しなければ、文法的に誤った訓読であると考えられる。

〔検証例1〕原文「馬白」↓訓読「馬レ白キ」

①　白《しろ》き馬《うま》

② 修飾語「白き」＋被修飾語「馬」→「白馬」

③ 原文「馬白」と語順が一致しない。下に位置する「白」が上に位置する「馬」を修飾するかのように訓読したがゆえの誤りである。

正しくは「馬白《シ》」。

〈検証例2〉原文「使民以時」→訓読「使《フ》レ民《ヲ》レ以《テ》レ時《ヲ》」〈民を使役するには適切な時期にする。〉（『論語』学而篇）

① 時《とき》を以《もっ》て民《たみ》を使《つか》ふ

② 名詞「時を」＋前置詞「以て」→「以時」
目的語「民を」＋動詞「使ふ」→「使民」
修飾語「時を以て」＋被修飾語「使ふ」→「以時使」
右の三つの関係をすべて満たすように語順を組み上げる。→「以時使民」

③ 原文「使民以時」と語順が一致しない。下に位置する「以時」が上に位置する「使」を修飾するかのように訓読したがゆえの誤りである。

正しくは「使《フニ》レ民《ヲ》 以《テス》レ時《ヲ》」。

《復文用参考資料》 漢字に復元する可能性のある仮名書き語（助詞・助動詞）

◆助詞

・格助詞　「の」＝**之**
「と」＝**与**
「より」＝自・従　＊起点・経由点を表す。
「より」＝与　＊比較選択形（↓Ｐ98を参照）で、比較の対象を表す。
・接続助詞「ば」＝者
・係助詞　「は」＝者・也
「や・か」＝也・乎・耶・歟
・副助詞　「のみ」＝耳・爾・而已
「ばかり」＝許・可　＊概数を表す。限定の意味にはならない。
・終助詞　「かな」＝哉・夫・矣
・間投助詞「や」＝也　＊呼びかけを表す。
「よ」＝乎　＊呼びかけを表す。

◆助動詞

・打消「ず」＝**不**
・受身「る」「らる」＝見・被・所
・使役「しむ」＝**使**・**令**・遣・教・俾

＊使役形（→P38を参照）で、使役を表す。

・推量「べし」＝**可**
・断定「なり」＝**也**
　「たり」＝為
・比況「ごとし」＝**如**・**若**

＊**太字**は、特に入門段階において復元に留意すべき漢字。

第27講　復文練習(1)　基礎事項の確認

(1)　我《われ》　甚《はなは》だ之《これ》を愛《あい》す。（全四字／置き字ナシ）

①　我　愛す。

②　之を愛す。

③　甚だ愛す。

④　甚だ之を愛す。

↓　我　甚だ之を愛す。

(2)　門人《もんじん》　厚《あつ》く之《これ》を葬《はうむ》らんと欲《ほつ》す。（全六字／置き字ナシ）

①　門人　欲す。

②　葬らんと欲す。

③ 之を葬る。 □□

④ 厚く葬る。 □□

⑤ 厚く之を葬る。 □□□

⑥ 厚く之を葬らんと欲す。 □□□□

↓ 門人 厚く之を葬らんと欲す。 □□□□□□

(3) 千里《せんり》を遠《とほ》しとせずして来《き》たる。（全六字／第五字＝置き字「而」）

① 千里を遠しとす。 □□□

② 遠しとせず。 □□

↓ 千里を遠しとせずして来たる。 □□□□□□

第28講　復文練習(2)

(1)

孟子《まうし》梁《りやう》の恵王《けいわう》に見《まみ》ゆ。（全六字／置き字ナシ）

(2)

其《そ》の民《たみ》を河東《かとう》に移《うつ》す。（全六字／第四字＝置き字「於」）

(3)

民《たみ》の利《り》とする所《ところ》に因《よ》りて之《これ》を利《り》す。（全八字／第六字＝置き字「而」）

(4) 父《ちち》の臣《しん》と父《ちち》の政《せい》とを改《あらた》めず。（全九字／置き字ナシ）

(5) 民《たみ》の隣国《りんごく》よりも多《おほ》からんことを望《のぞ》む無《な》かれ。（全九字／第六・九字＝置き字「於・也」）

第29講　復文練習(3)

(1)　木《き》に縁《よ》りて魚《うを》を求《もと》むるは、魚《うを》を得《え》ずと雖《いへど》も、後《のち》の災《わざは》ひ無《な》し。（全十一字／置き字ナシ）

(2)　斉人《せいひと》燕《えん》を伐《う》つて之《これ》を取《と》るに、諸侯《しよこう》将《まさ》に謀《はか》つて燕《えん》を救《すく》はんとす。（全十二字／置き字ナシ）

(3)　王《わう》の臣《しん》に其《そ》の妻子《さいし》を其《そ》の友《とも》に託《たく》して楚《そ》に之《ゆ》きて遊《あそ》ぶ者《もの》有《あ》り。（全十六字／第九・十二字＝置き字「於・而」）

第30講　復文練習(4)　特殊問題

左は、江戸時代の復文練習書、すなわち皆川淇園《みながわきえん》〔編〕『習文録』初編（寛政十年〔一七九八〕刊）に収められた全五十題のうち、最短の字数の問題である（歴史的仮名遣い・変体仮名を改めるなど、些少の修訂を加えた）。

節度使李愬スデニ蔡ヲタヒラゲ、呉元済ヲ械シテ京師ニオクリ、兵ヲ鞠場ニ屯シ、モツテ招討使裴度ヲマツ。度城ニイルニ、愬櫜鞬ヲソナヘ、出デテミチノ左ニムカヘ拝ス。度マサニコレヲサケントス。愬イハク、蔡人頑悖ニシテ、上下ノ分ヲシラザルコト数十年ナリ。ネガハクハ公ヨツテコレニシメシ、朝廷ノタツトキヲシラシメヨト。度スナハチコレヲウク。（原文七十五言）

これを本書の様式に従って書き下せば次のようになる。

節度使《せつどし》 李愬《りそ》 既《すで》に蔡《さい》を平らげ、呉元済《ごげんせい》を械《かせ》して京師《けいし》に送り、兵《へい》を鞠場《きくぢやう》に屯《とん》し、以《もつ》て招討使《せうたうし》裴度《はいど》を待《ま》つ。度《ど》 城《じやう》に入《い》るに、愬《そ》 櫜鞬《かうけん》を具《そな》へ、出《い》でて路《みち》の左《ひだり》に迎《むか》へ拝《はい》す。度《ど》将《まさ》に之《これ》を避《さ》けんとす。愬《そ》 曰《いは》く、「蔡人《さいひと》 頑悖《ぐわんはい》にして、上下《しやうか》の分《ぶん》を識《し》らざること数十《すうじふ》年《ねん》なり。願《ねが》はくは公《こう》因《よ》つて之《これ》に示《しめ》し、朝廷《てうてい》の尊《たつと》きを知《し》らしめよ」と。度《ど》 乃《すなは》ち之《これ》を受《う》く。

（全七十五字／第三十七・五十九・六十三字＝置き字「于・矣・而」／使役「しむ」＝「使」）

〔注〕○京師　みやこ。○鞠場　蹴鞠《けまり》をする場所。○櫜鞬　弓矢を入れる袋。○頑悖　愚かで道理をわきまえない。

右の書き下し文を参考にして、江戸時代の復文問題に挑戦してみよう。置き字はあらかじめ書き込んである（置き字「于」は「於」に同じ）。

□□□□□□□□、□□□□□□□□、

□□□□、□□□□□□□。□□□、

□□□□、□□□于□□。□□□□。

□□、「□□□□□□□□□□□□□矣。

□□□而□□、□□□□□□」。

□□□□。

・出典＝〔明〕馮夢龍『智嚢補』上智・李愬

・〔唐〕元和十二年（八一七）、淮西《わいせい》の乱の平定時に関わる一文。

● 解答・解答例 ●

◎ 第9・10講のまとめ 返り点練習問題 P55 解答

(1) 基礎事項の確認

①所レ向無レ敵

②不レ好レ犯レ上而好レ作レ乱

③以二五十歩一笑二百歩一

④無レ友二不レ如レ己者一

⑤吾不三復夢見二周公一

⑥従二吾所一レ好

⑦如下揮二快刀一断中乱麻上

⑧可レ使下与二賓客一言上也

⑨勿下以二悪小一為上レ之

⑩莫乙不下慕二古聖賢之不一レ朽而勤二一世一以尽中心於文字之間上者甲也

(2) 連読符号《ハイフン》の用法

①略二-定秦地一

②不レ知三所二-以裁一レ之

③庸知三其年之先二-後-生於吾一乎

④馴二-致服三-習天下之心一

／馴二-致-服-習天下之心一

(3) 「包含関係」の例外措置

①非丁所丙-以励二士民一彰乙君声甲也

②凡人莫レ不丁従二其所一レ可、去丙其所乙不可甲

(4) 総合問題

①君子不乙以下其所二-以養一レ人者上害甲レ人

②聞二大王有一レ意三督二-過之一

③此非四吾所三-以居二-処子一也

④使人汝不乙以下蓄二妻子一憂中飢寒上乱甲レ心有二銭財一以済地医薬天

第14講　書き下し文【書き下し文作成練習】P87　解答例

①去《さ》らんことを請《こ》ふ。
②廉頗《れんぱ》といふ者《もの》は、趙《てう》の良 将《りやうしやう》なり。
③廉頗《れんぱ》 趙《てう》の将《しやう》と為《な》り、斉《せい》を伐《う》ちて大《おほ》いに之《これ》を破《やぶ》る。
④常《つね》に名大夫《めいたいふ》たり。
⑤俗《ぞく》と好悪《かうを》を同《おな》じくす。
⑥未《いま》だ与《とも》に立《た》つべからず。

第18講　常用漢語　訓読演習　P102　解答例

【注意】以下、第18〜25講の解答はすべて一つの解答例であり、ある漢字を音読みするか訓読みするか、読みに音便を用いるか否か等々、第17講に記した「◆複数訓読共存原理」により、語句によっては他の訓読が可能な場合もあるので留意してほしい。語句と語句とを連結するさいの訓読（第21講〜第25講）についても同様である。

(1)　主述関係

a　①地　震フ（地《ち》震《ふる》ふ）　②日　没ス（日《ひ》没《ぼつ》す）

b　③幸ヒナルコト　甚ダシ（幸《さいは》ひなること　甚《はなは》だし）　④月　明ラカナリ（月《つき》明《あき》らかなり）

(2)　修飾関係

a　①白キ　髪（白《しろ》き髪《かみ》）　②悲シキ　劇（悲《かな》しき劇《げき》）　③勇マシキ　者（勇《いさ》ましき者《もの》）

b　④甚ダ　大ナリ（甚《はなは》だ大《だい》なり）　⑤最モ　善シ（最《もつと》も善《よ》し）

c　⑥極メテ　貧シ（極《きは》めて貧《まづ》し）　⑦快ク　諾フ（快《こころよ》く諾《うべな》ふ）　⑧徐ロニ　行ク（徐《おもむ》ろに行《ゆ》く）　⑨予メ　定ム（予《あらかじ》め定《さだ》む）　⑩自ヅカラ　然リ（自《おの》づから然《しか》り）　⑪熟〻　考フ（熟《つら》つら考《かんが》ふ）　⑫親ラ　展ベヨ（親《みづか》ら展《の》べよ）

d　⑬蛇ノゴトク　行ク（蛇《へび》のごとく行《ゆ》く）　⑭林ノゴトク　立ツ（林《はやし》のごとく立《た》つ）　⑮蝟ノゴトク　集マル（蝟《ゐ》のごとく集《あつ》まる）　⑯君トシテ　臨ム（君《きみ》として臨《のぞ》む）　⑰客トシテ　死ス（客《かく》として死《し》す）　⑱師トシテ　事フ（師《し》として事《つか》ふ）　⑲手ヅカラ　記ス（手《て》づか

ら記《しる》す）　⑳類《モテ》推《ス》（類《るい》もて推《お》す）　㉑指《モテ》弾《ク》（指《ゆび》もて弾《はじ》く）　㉒文《モテ》化《ス》（文《ぶん》もて化《くわ》す）

＊本来の漢語としての「文化」すなわち「学問・芸術などの文徳によって民衆を教化する」意。英語 culture の訳語としての「文化」ではない。

(3)　並列関係

a　①優《レ》秀《ヅ》（優《すぐ》れ秀《ひい》づ）　②学《ビ》習《フ》（学《まな》び習《なら》ふ）　③勉《メ》強《フ》（勉《つと》め強《し》ふ）　④告《ゲ》白《ス》（告《つ》げ白《まを》す）

b　⑤山《ト》河《ト》（山《やま》と河《かは》と）　⑥飲《ムト》食《ラフト》（飲《の》むと食《く》らふと）　⑦往《クト》来《タルト》（往《ゆ》くと来《き》たると）

(4)　動詞＋目的語関係

①改《ム》レ装《ヒヲ》（装《よそほ》ひを改《あらた》む）　②被《ル》レ害《ヲ》（害《がい》を被《かうむ》る）　③補《フ》レ欠《ヲ》（欠《けつ》を補《おぎな》ふ）　④避《ク》レ難《ヲ》（難《なん》を避《さ》く）　⑤遺《ス》レ憾《ミヲ》（憾《うら》みを遺《のこ》す）　⑥登《ル》レ山《ニ》（山《やま》に登《のぼ》る）　⑦入《ル》レ室《ニ》（室《しつ》に入《い》る）　⑧出《ヅ》レ場《ニ》（場《ば》に出《い》づ）　⑨随《フ》レ意《ニ》（意《い》に随《したが》ふ）　⑩中《ル》レ毒《ニ》（毒《どく》に中《あた》る）

(5)　その他

a　①有《リ》レ力（力《ちから》有《あ》り）　②無《シ》レ風（風《かぜ》無《な》し）　③勿《シ》レ論《ズルマデモ》（論《ろん》ずるまでも勿《な》し）

b　④不レ発《セ》（発《はっ》せず）　⑤非《ズ》レ常《ニ》（常《つね》に非《あら》ず）　⑥未《ダ》レ来《タラ》（未《いま》だ来《き》たらず）

c　⑦将《ニ》レ来《タラント》（将《まさ》に来《き》たらんとす）　⑧如《シ》レ実《ノ》（実《じっ》の如《ごと》し）　⑨生《マレシヨリ》来（生《う》まれしより来《このかた》）

第19講　三字表現・四字成語　訓読演習　P104　解答例

◆三字表現

①不レ可《カラ》レ避《ク》（避《さ》くべからず）　②不二必《ズシモ》要《セ》一（必《かなら》ずしも要《えう》せず）　③不二世《ニ》出《デ》一（世《よ》に出《い》でず）　④不レ得《ムヲ》レ已（已《や》むを得《え》ず）　⑤不レ如《クナラ》レ意《ノ》（意《い》の如《ごと》くならず）　⑥未《ダ》二曽《テ》有《ラ》一（未《いま》だ曽《かつ》て有《あ》らず）

◆四字成語

①有リテレ名無シレ実（名《な》有《あ》りて実《じつ》無《な》し）

②傍ラニ若シレ無キガレ人（傍《かたは》らに人《ひと》無《な》きが若《ごと》し）

③前ノ代ニ未ダレ聞カ（前《さき》の代《よ》に未《いま》だ聞《き》かず）

④時期尚ホ早シ（時期《じき》 尚《な》ほ早《はや》し）

⑤不レ得二要領ヲ一（要領《えうりやう》を得《え》ず）

⑥不二倶ニハ戴カ㆑天ヲ（倶《とも》には天《てん》を戴《いただ》かず）

⑦不レ即カ不レ離レ（即《つ》かず離《はな》れず）

⑧以テレ心ヲ伝フレ心ニ（心《こころ》を以《もつ》て心《こころ》に伝《つた》ふ）

⑨日ニ進ミ月ニ歩ム（日《ひ》に進《すす》み月《つき》に歩《あゆ》む）

⑩百タビ発シテ百タビ中ル（百《ひやく》たび発《はつ》して百《ひやく》たび中《あた》る）

⑪勧メレ善ヲ懲ラスレ悪ヲ（善《ぜん》を勧《すす》め悪《あく》を懲《こ》らす）

⑫臨ミレ機ニ応ズレ変ニ（機《き》に臨《のぞ》み変《へん》に応《おう》ず）

⑬隔テテレ靴ヲ掻クレ痒キヲ（靴《くつ》を隔《へだ》てて痒《かゆ》きを掻《か》く）

⑭転ジテレ禍ヒヲ為スレ福ト（禍《わざは》ひを転《てん》じて福《ふく》と為《な》す）

⑮投ゲテレ珠ヲ与フレ豕ニ（珠《たま》を投《な》げて豕《ゐのこ》に与《あた》ふ）

⑯隔テテレ墻ヲ有リレ耳（墻《かべ》を隔《へだ》てて耳《みみ》有《あ》り）

⑰不ルレ可カラレ抗ス力（抗《かう》すべからざる力《ちから》）

第20講 短文 訓読演習 P106 解答例

◆一般の短文

①孔子ハ聖人也（孔子《こうし》は聖人《せいじん》なり）

②落花似タリレ雪ニ（落花《らくくわ》 雪《ゆき》に似《に》たり）

③敵軍破ル二城門ヲ一（敵軍《てきぐん》 城門《じやうもん》を破《やぶ》る）

④孔子問フ二礼ヲ於老子ニ一（孔子《こうし》 礼《れい》を老子《らうし》に問《と》ふ）

＊この文を「孔子問フレ礼ヲ二於老子ニ一」（孔子《こうし》 老子《らうし》に礼《れい》を問《と》ふ）とは訓読しない。訓読には「できるかぎり原文の語順のままに上から下へと読む」という暗黙の前提がある。結果として、一般には、返り点が簡略なほうの訓読が正解となる。

⑤霜葉ハ紅ナリ二於二月ノ花ヨリモ一（霜葉《さうえふ》は二月《にぐわつ》の花《はな》よりも 紅《くれなゐ》なり）

◆再読文字を含む短文

⑥未ダルレ聞カ二好ムレ学ヲ者ヲ一也（未《いま》だ学《がく》を好《この》む者《もの》を聞《き》かざるなり）

⑦過ギタルハ猶ホシレ不ルガレ及バ（過《す》ぎたるは猶《な》ほ及《およ》ばざるがごとし）

⑧盍ゾルニ各ミ賦シテレ詩ヲ言ハレ志ヲ（盍《なん》ぞ各《おの》おの詩《し》を賦《ふ》して　志《こころざし》を言《い》はざる）

◆返読文字を含む短文

⑨多クシテレ労而少ナシレ功（労多《らうおほ》くして功少《こうすく》なし）

⑩百聞ハ不レ如カ二一見ニ一（百聞《ひやくぶん》は一見《いつけん》に如《し》かず）

第21講　長文訓読　準備演習(1)　P108　解答例

1＋2　信安郡《しんあんぐん》に巨石有《きよせきあ》り。晋《しん》の時《とき》、王質《わうしつ》　木《き》を伐《き》りて是《ここ》に至《いた》り、童子数人《どうしすうにん》の或《ある》いは弈《えき》し或《ある》いは歌《うた》ふを見《み》る。質《しつ》　斧柯《ふか》を撫《ぶ》して之《これ》を視《み》るに、童子《どうし》　一物《いちぶつ》を以《もつ》て質《しつ》に与《あた》ふ。状《じやう》　棗核《さうかく》の如《ごと》し。質《しつ》　之《これ》を含《ふく》めば、飢餓《きが》を覚《おぼ》えず。之《これ》を久《ひさ》しくして、童子《どうし》　質《しつ》に謂《い》ひて曰《いは》く、「何《なん》ぞ去《さ》らざる」と。質《しつ》　行《ゆ》き、其《そ》の斧柯《ふか》を視《み》るに、已《すで》に爛《ただ》れ尽《つ》くせり。既《すで》に帰《かへ》れば、復《ま》た当時《たうじ》の人無《ひとな》し。

第22講　長文訓読　準備演習(2)　P110　解答例

1　愚民家ニ養ヒ二得タリ一鵞ヲ一。一日生ミレ蛋ヲ、験スレバレ之ヲ乃チ金蛋也。喜ビテ不二自ラ勝ヘ一、忖リテ曰ク、「吾視ルニ二其ノ腹ノ便便タルヲ一、其ノ中不レ知ラ二何許ナルカヲ一。宰リテ而取レバレ之ヲ、当シトレ得二大富ヲ一！」。遂ニ殺シテ而剖クモ二其ノ腹ヲ一、一モ無シレ所レ有ル。

2　愚民《ぐみん》　家《いへ》に一鵞《いちが》を養《やしな》ひ得《え》たり。一日蛋《いちじつたまご》を生《う》み、之《これ》を験《けん》すれば乃《すなは》ち金蛋《きんたん》なり。喜《よろこ》びて自《みづか》ら勝《た》へず、忖《はか》りて曰《いは》く、「吾《われ》　其《そ》の腹《はら》の便便《べんべん》たるを視《み》るに、其《そ》の中何許《うちいくばく》なるかを知《し》らず。宰《ほふ》りて之《これ》を取《と》れば、当《まさ》に大富《たいふ》を得《う》べし」と。遂《つひ》に殺《ころ》して其《そ》の腹《はら》を剖《さ》くも、一《いつ》も有《あ》る所《ところ》無《な》し。

第23講　長文訓読演習(1)　P112　解答例

1 広出デテ猟シ、見テ二草中ノ石ヲ一、以テ為シテレ虎ト而射ルレ之ヲ。中リテレ石ニ没スルモレ鏃ヲ、視レバレ之ヲ石也。因リテ復タ更ニ射ルモレ之ヲ、終ニ不レ能ハ二復タ入ルコトレ石ニ一矣。

2 広《くわう》出《い》でて猟《かり》し、草中《さうちゆう》の石《いし》を見《み》て、以《もつ》て虎《とら》と為《な》して之《これ》を射《い》る。石《いし》に中《あた》りて鏃《やじり》を没《ぼつ》するも、之《これ》を視《み》れば石《いし》なり。因《よ》りて復《ま》た更《さら》に之《これ》を射《い》るも、終《つひ》に復《ま》た石《いし》に入《い》ること能《あた》はず。

第24講 長文訓読演習(2) P113 解答例

1 昔有リ二犬ノ過グルレ橋ヲ一、其ノ口咬ミテ有リ二肉一塊一。忽チ見レドモ二橋下ニ有リレ狗、口亦タ咬ムレ肉ヲ、不レ知ラ二其ノ為ルヲレ影也。遂ニ捨テテ二口之肉ヲ一、而奔リテ奪ハントシレ之ヲ、幾シ二乎淹死スルニ一。其ノ真ノ肉已ニ随ヒテ二流水ニ一去レリ矣。

2 昔《むかし》犬《いぬ》の橋《はし》を過《す》ぐる有《あ》り、其《そ》の口《くち》咬《か》みて肉一塊《にくいつくわい》有《あ》り。忽《たちま》ち橋下《けうか》に狗《いぬ》有《あ》り、口《くち》亦《ま》た肉《にく》を咬《か》むを見《み》れども、其《そ》の影《かげ》たるを知《し》らざるなり。遂《つひ》に口《くち》の肉《にく》を捨《す》てて、奔《はし》りて之《これ》を奪《うば》はんとし、淹死《えんし》するに幾《ちか》し。其《そ》の真《しん》の肉《にく》已《すで》に流水《りうすい》に随《したが》ひて去《さ》れり。

第25講 長文訓読演習(3) 特殊問題 P115 解答例

1 五台山ノ某禅師、収ム二一沙弥ヲ一、年甫メテ三歳ナリ。五台山最モ高ク、師徒在リテ二山頂ニ一修行シ、従リテ不二一タビモ下ラレ山ヲ。後十余年、禅師同ニ二弟子ト一下ルレ山ヲ。沙弥見レドモ二牛馬鶏犬ヲ一、皆不レ識ラ也。師因リテ指シテ而告ゲテレ之ニ曰ク、「此レ牛也、可シ二以テ耕スレ田ヲ。此レ馬也、可シ二以テ騎ス一。此レ鶏犬也、可ク二以テ報ズレ暁ヲ、可シ二以テ守ルレ門ヲ一」。沙弥唯唯タリ。少頃シテ、一少年ノ女子走リ過グ。沙弥驚キテ問フ、「此レハ又是レ何物ゾヤト?」。師慮リ二其ノ動カスヲレ心ヲ、正シレ色ヲ告ゲテレ之ニ曰ク、「此レ名ヅク二老虎ト一。人近ヅケバレ之ニ者、必ズ遭ヒ二咬死ニ一、尸骨無シトレ存スル」。沙弥唯唯タリ。

晩間上リレ山ニ、師問フ、「汝今日在リテ二山下ニ一所レ見シ之物、可キヤレ有ル二心上ニ思想スル他的一否ヤト?」。曰ク、「一切ノ物我都テ不レ想ハ、只ダ想フ二那ノ吃スルレ人ヲ的老虎ヲ一。心上総テ覚ユト二捨テントシテレ他ヲ不ルヲレ得」。

2　五台山《ごだいさん》の某禅師《ぼうぜんじ》、一沙弥《いちしやみ》を収《をさ》む、年甫《としはじ》めて三歳《さんさい》なり。五台山《ごだいさん》最《もつと》も高《たか》く、師徒《しと》 山頂《さんちやう》に在《あ》りて修行《しゆぎやう》し、従《よ》りて一《ひと》たびも山《やま》を下《くだ》らず。後十余年《のちじふよねん》、禅師《ぜんじ》 弟子《でし》と同《とも》に山《やま》を下《くだ》る。沙弥《しやみ》 牛馬鶏犬《ぎうばけいけん》を見《み》れども、皆《み》な識《し》らざるなり。師《し》 因《よ》りて指《ゆびさ》して之《これ》に告《つ》げて曰《いは》く、「此《こ》れ牛《うし》なり、以《もつ》て田《でん》を耕《たがや》すべし。此《こ》れ馬《うま》なり、以《もつ》て騎《き》すべし。此《こ》れ鶏犬《けいけん》なり、以《もつ》て暁《あかつき》を報《はう》ずべく、以《もつ》て門《もん》を守《まも》るべし」と。沙弥《しやみ》 唯唯《ゐゐ》たり。少頃《しばらく》して、一《いつ》の少年《せうねん》の女子《ぢよし》 走《はし》り過《す》ぐ。沙弥《しやみ》 驚《おどろ》きて問《と》ふ、「此《こ》れは又是《またこ》れ何物《なにもの》ぞや」と。師《し》 其《そ》の心《こころ》を動《うご》かすを慮《おもんぱか》り、色《いろ》を正《ただ》し之《これ》に告《つ》げて曰《いは》く、「此《こ》れ老虎《らうこ》と名《な》づく。人《ひと》 之《これ》に近《ちか》づけば、必《かなら》ず咬《かう》死《し》に遭《あ》ひ、尸骨存《しこつそん》する無《な》し」と。沙弥《しやみ》 唯唯《ゐゐ》たり。

晩間《ばんかん》 山《やま》に上《のぼ》り、師《し》 問《と》ふ、「汝《なんぢ》 今日山下《こんにちさんか》に在《あ》りて見《み》し所《ところ》の物《もの》、心上《しんじやう》に思想《しさう》する他的《ものの》有《あ》るべきや否《いな》や」と。曰《いは》く、「一切《いつさい》の物《もの》 我《われ》 都《すべ》て想《おも》はず、只《た》だ那《か》の人《ひと》を吃《きつ》するの老虎《らうこ》を想《おも》ふのみ。心上《しんじやう》 総《すべ》て他《かれ》を捨《す》てんとして得《え》ざるを覚《おぼ》ゆ」と。

【大意】 英文の日本語訳例

ある五台山の禅僧に、一人の弟子がいた。わずか二歳で弟子入りした者である。二人は山頂に住んで修行に励み、十年ものあいだ、一度も下山して平地に足を踏み入れたことがなかった。ある日、ついに山を下って、すぐ近くの村に行くと、弟子の少年の目に、それまでまったく見たことのない物が次々に飛び込んでくる。禅僧は、師として説明してやらないわけにはいかなかった。「これは牛といって、畑を耕すときに使うもの。これは馬で、乗ることができる。こっちは雄鶏じゃな、夜明けを告げる。これは犬といっての、門番の役をする。これは……」こうしてしばらくするうちに、一人の若い娘に出逢った。弟子は、「あれは何でございましょう?」と聞いた。禅僧は、少年がその娘に心を奪われてしまうのではないかと恐れ、こう答えた。「あれは虎といってな、誰か近寄る者がいると、骨までがつがつと食ってしまうのじゃ。」

その日の夜、山上にもどると、禅僧は弟子にたずねた。「今日、村で見た物はどうじゃった? 何か気に入る物があったかの？」すると弟子の少年は、こう返事をした。「私は、あそこで出逢った、人を食う虎のことをずっと考えております。どうしても、あの生き物が頭にこびりついて離れません。」（加島祥造・古田島洋介［共訳］『袁枚——十八世紀中国の詩人』（平凡社〈東洋文庫〉、平成十一年）一九〇～一九一ページ〈古田島拙訳／一部を修訂〉）

第27講　復文練習(1)　基礎事項の確認　P126　解答

(1)
① 我愛
② 愛之
③ 甚愛
④ 甚愛之

↓

我甚愛之

〔確認用訓読文〕我甚《ダ》愛《ス》レ之《ヲ》。

(2)
① 門人欲
② 欲葬
③ 葬之
④ 厚葬
⑤ 厚葬之
⑥ 欲厚葬之

↓

門人欲厚葬之

〔確認用訓読文〕門人欲《ス》二厚《ク》葬《ラント》㆑之《ヲ》。

(3)
① 遠千里
② 不遠

↓

不遠千里而来

〔確認用訓読文〕不《シテ》レ遠《シトセ》二千里《ヲ》一而来《タル》。

第28講　復文練習(2)　P128　解答

(1)
孟子見梁恵王

〔確認用訓読文〕孟子見《ユ》二梁《ノ》恵王《ニ》一。

(2)

移其民於河東

〔確認用訓読文〕移《ス》二其《ノ》民《ヲ》河東《ニ》一。

(3)

因民之所利而利之

〔確認用訓読文〕因《リテ》二民之所《ニ》一レ利《トスル》而利《ス》レ之《ヲ》。

(4)

不改父之臣与父之政

〔確認用訓読文〕不レ改《メ》三父之臣《ト》与《ヲ》二父之政一。

(5)

無望民之多於隣国也

〔確認用訓読文〕無《カレ》レ望《ム》三民之多《カランコトヲ》二於隣国《ヨリモ》一也。

第29講　復文練習(3)　P130　解答

(1)

縁木求魚　、　雖不得魚　、　無後災

〔確認用訓読文〕縁《リテ》レ木《ニ》求《ムルハ》レ魚《ヲ》、雖《モ》レ不《ト》レ得レ魚《ヲ》、無《シ》二後《ノ》災《ヒ》一。

(2)

斉人伐燕取之　、　諸侯将謀救燕

〔確認用訓読文〕斉人伐《ツテ》レ燕《ヲ》取《ルニ》レ之《ヲ》、諸侯将《ニ》二謀《ツテ》救《ハント》一レ燕《ヲ》。

(3)

王之臣有託其妻子於其友而之楚遊者

〔確認用訓読文〕王之臣《ニ》有《リ》下託《シテ》二其《ノ》妻子《ヲ》於其《ノ》友《ニ》一而之《キテ》レ楚《ニ》遊《ブ》者上。

第30講 復文練習(4) 特殊問題 P131 解答

節度使李愬既平蔡、
械呉元済送京師、
屯兵鞠場、
以待招討使裴度。
度入城、
愬具櫜鞬、
出迎拝于路左。
度将避之。
愬曰、
「蔡人頑悖不識上下之分
数十年矣。
願公因而示之、
使知朝廷之尊」。
度乃受之。

〔確認用訓読文〕 節度使李愬既《ニ》平《ラゲ》レ蔡《ヲ》、械《シテ》二呉元済《ヲ》一送《リ》二京師《ニ》一、屯《シ》二兵《ヲ》鞠場《ニ》一、以《テ》待《ツ》二招討使裴度《ヲ》一。度入《ルニ》レ城《ニ》、愬具《ヘ》二櫜鞬《ヲ》一、出《デテ》迎《ヘ》拝《ス》二于路左《ニ》一。度将《ニ》レ避《ケント》レ之《ヲ》。愬曰《ク》、「蔡人頑悖《ニシテ》、不《ルコト》レ識《ラ》二上下之分《ヲ》一数十年《ナリ》矣。願《ハクハ》公因《ツテ》而示《シ》レ之《ニ》、使《メヨト》レ知《ラ》二朝廷之尊《キヲ》一」。度乃《チ》受《ク》レ之《ヲ》。

索引

〔事項索引〕

あ行

か行

さ行

た行

な行

は行

ま・ら行

〔図版索引〕

〔人名・書名索引〕

古田島洋介（こたじま・ようすけ）

昭和32年（1957）横浜市生まれ。

東京大学大学院博士課程単位取得満期退学（文学修士・文学碩士）。

明星《めいせい》大学人文学部日本文化学科教授（日中比較文学）。

著書に『大正天皇御製詩の基礎的研究』（明徳出版社）、『日本近代史を学ぶための文語文入門――漢文訓読体の地平』（吉川弘文館）、注釈に『鷗外歴史文学集』第12・13巻「漢詩」上・下（岩波書店）、編著書に『漢文〈素読〉のすすめ』（飛鳥新社）、訳書に『マッテオ・リッチ　記憶の宮殿』（平凡社）などがある。

湯城吉信（ゆうき・よしのぶ）

昭和39年（1964）京都市生まれ。

大阪大学大学院博士課程前期修了（文学修士）。

大東文化大学文学部歴史文化学科教授（日中思想史）。

著書（共著）に『懐徳堂研究』（汲古書院）、論文に「一般教育としての漢文演習—漢文教育の意義再考」（『新しい漢字漢文教育』29号）、「中井履軒の宇宙観—その天文関係図を読む」（『日本中国学会報』57号）、「ジラフがキリンと呼ばれた理由—中国の場合、日本の場合」（大阪府立大学人文学会『人文学論集』26号）などがある。

漢文訓読入門《かんぶんくんどくにゅうもん》

平成23年6月25日　初版発行
令和4年2月10日　9版発行

著　者　古田島洋介《こたじまようすけ》
　　　　湯城《ゆうき》吉信《よしのぶ》
発行者　株式会社明治書院
　　　　代表者　三樹　蘭
印刷者　精文堂印刷株式会社
　　　　代表者　西村文孝
製本者　精文堂印刷株式会社
　　　　代表者　西村文孝

発行所　株式会社明治書院
〒169-0072　東京都新宿区大久保1—1—7
電話 03-5292-0117(代)　FAX 03-5292-6182
振替 00130-7-4991

装幀　小島トシノブ（NON design）
ISBN978-4-625-73400-7

漢和辞典の見方

【若】 艸 5 教

ジャク ニャク

わか・い

もしくは

【若】 一 二

ジャク 漢

ニャク 呉

ニャ 呉

もし し・く

もしくは

わか・い

（わか・し）国

一 十 艹 艾 芋 若

藥 ruò yào

馬 rě

親字《おやじ》

旧字体 は4画 クサカンムリ

左の字義の一二に対応する。

「ジャク」は漢音《かんおん》、「ニャク」「ニャ」は呉音《ごおん》の意。→第3講を参照。

部首「艸」の5画 この画数は、部首の画数を含まない。

教育漢字 常用漢字に含まれる。

日本語としての音読み（カタカナ）と訓読み（ひらがな）。

筆順

日本語で用いる訓読み。国は国訓《こっくん》の意。

現代中国語音（拼音《ピンイン》）

韻目《いんもく》（漢字）と声調《せいちょう》（四《よ》隅《すみ》の点）を示す。漢詩の押韻《おういん》・平仄《ひょうそく》を調べるために用いる。